VOZES DA PSICANÁLISE

Blucher

VOZES DA PSICANÁLISE

Clínica, teoria e pluralismo

Organizador
David B. Florsheim

VOLUME II

1943-1966

Vozes da psicanálise: clínica, teoria e pluralismo

Publisher Edgard Blücher
Editor Eduardo Blücher
Coordenação editorial Jonatas Eliakim
Diagramação Taís do Lago
Produção editorial Kedma Marques
Preparação de texto Bárbara Waida
Revisão Samira Panini
Capa Cristiano Gonçalo

Blucher

Rua Pedroso Alvarenga, 1245, 4º andar
04531-934 – São Paulo – SP – Brasil
Tel.: 55 11 3078-5366
contato@blucher.com.br
www.blucher.com.br

Segundo o Novo Acordo Ortográfico, conforme 5. ed. do *Vocabulário Ortográfico da Língua Portuguesa*, Academia Brasileira de Letras, março de 2009.

Dados Internacionais de Catalogação
na Publicação (CIP)
Angélica Ilacqua CRB-8/7057

Vozes da psicanálise : clínica, teoria e pluralismo : volume 2 de 1943-1966 / organizado David B. Florsheim. – São Paulo : Blucher, 2023.

310 p.

Bibliografia

ISBN 978-65-5506-361-5

1. Psicanálise I. Florsheim, David B.

22-7151 CDD 150.195

Índice para catálogo sistemático:
1. Psicanálise

O olho que vê é órgão da tradição.

Franz Boas (1997, p.181)

Conteúdo

Introdução

Há uma história indiana – ou pelo menos eu a ouvi como indiana – sobre um inglês a quem contaram que o mundo repousava sobre uma plataforma apoiada nas costas de um elefante, o qual, por sua vez, apoiava-se nas costas de uma tartaruga e que indagou (talvez ele fosse um etnógrafo; é a forma como eles se comportam), e onde se apoia a tartaruga? Em outra tartaruga. E essa tartaruga? "Ah, Sahib;[1] *depois dessa são só tartarugas até o fim".*

Geertz (2008, p. 20)

O termo "bárbaro" era utilizado pelos gregos antigos para definir os seres que emitiam sons de forma incompreensível. Classificar algo ou alguém como "bárbaro" implica posicionar o grupo ao qual se pertence como o centro de tudo e dimensionar e avaliar todos os demais grupos em relação a ele. É justamente essa a definição de etnocentrismo segundo William G. Sumner (1906), o criador desse

---

[1] Palavra que os indianos utilizavam para tratar diretamente com os ingleses, que os colonizaram. Significa algo como "chefe", "patrão" ou "senhor".

conceito, que a complementa afirmando que "cada grupo alimenta seu próprio orgulho e vaidade, se gaba de sua superioridade, exalta suas próprias divindades, e olha com desprezo para as pessoas de fora. Cada grupo entende seus próprios costumes como os únicos certos" (p. 13).

Dentre outras razões, o fato de não compreendermos realmente como se dá a relação entre mente e corpo propiciou o surgimento de diversas abordagens teóricas no chamado "campo psi". Nesse contexto, profissionais etnocêntricos consideram o grupo ao qual pertencem como o único que utiliza teorias, técnicas e métodos verdadeiramente éticos, eficientes e verdadeiros. Com uma atitude assim, é de se esperar um desinteresse no diálogo com os demais modos de entendimento do mundo e do ser humano. Porém, o que justifica a crença cega de alguém nos "costumes" adotados por seu grupo profissional e a desvalorização ou mesmo rejeição dos demais?

Considerar três tipos de absolutismos colabora para o entendimento dessa questão. O primeiro deles, o universalismo, se refere à concepção de que os diferentes objetos (cognitivos, morais ou estéticos) existem para todas as pessoas em todas as épocas e culturas. Alguém universalista e etnocêntrico teria dificuldade em relativizar no tempo e no espaço certas verdades que, na realidade, seriam locais, como a existência dos deuses, os valores considerados importantes para o bem comum e quais deveriam ser os objetivos da psicoterapia.

O universalismo está normalmente acompanhado do objetivismo, o segundo tipo de absolutismo, que pode ser entendido como a concepção de que o conhecimento é algo externo (e não interno) às mentes ou cérebros dos indivíduos. De forma mais precisa, Bernstein (1996) define o objetivismo como "a convicção básica de que existe ou deve existir uma matriz ou estrutura permanente e a-histórica à qual podemos apelar em última instância para determinar a natureza da racionalidade, do conhecimento, da verdade, da realidade, da bondade ou daquilo que é correto" (p. 8).

No âmbito da saúde mental, entende-se com frequência a "realidade clínica" como a matriz que garantiria a veracidade de determinada abordagem. Se o conceito é enxergado nessa realidade, então ele existiria de forma inegável (e, portanto, quem não o visse seria um bárbaro). O problema com esse objetivismo ingênuo é o fato de ignorar que somos treinados a enxergar os fenômenos a partir das teorias aprendidas. Os adeptos de todas as teorias enxergam seus conceitos na "realidade clínica" e, portanto, essa reificação é em grande medida uma perpetuação de vieses de confirmação daquilo que nos foi ensinado. Ou seja, aquilo considerado como "a realidade" pode ser entendido como uma interpretação possível, e não uma apreensão puramente objetiva, isto é, livre de preconceitos, vieses e valores.

O objetivismo, por sua vez, está normalmente relacionado ao terceiro tipo de absolutismo, o fundacionalismo, que é uma forma muito comum de justificação do conhecimento. O fundacionalismo surge a partir da preocupação epistemológica do retorno infinito. Quando nos perguntamos como sabemos de algo, isto é, como se justifica determinada crença que possuímos, normalmente utilizamos outras crenças para justificar essa primeira. Esse processo poderia ser infinito, pois sempre precisaríamos de crenças auxiliares para justificar o conhecimento, as quais, por sua vez, demandariam novas crenças para serem justificadas. Como resolver essa questão?

O cerne do fundacionalismo é o estabelecimento de uma diferenciação entre as crenças inferenciais e as crenças básicas (ou não inferenciais). As primeiras, a maioria das crenças existentes, sempre precisariam de outras crenças para se justificar, mas as crenças básicas não precisariam. Ou seja, haveria certas crenças – básicas – que aceitaríamos sem questionar, pois, elas seriam inquestionáveis, óbvias e/ou lógicas. A existência dessas crenças funcionaria como um fundamento para o conhecimento e isso cessaria o retorno infinito.

Freud (1914/1996) parece utilizar o fundacionalismo ao afirmar, por exemplo, que "a teoria da repressão é a pedra angular sobre a qual repousa toda a estrutura da psicanálise" (p. 26). A noção de pedra angular aponta claramente para a ideia de algo que sustenta o resto, como um fundamento. Freud diz ainda que essa é uma formulação teórica que pode ser sempre observada na análise de neuróticos, ou seja, seria algo dado pela própria realidade (percebe-se também o objetivismo e o universalismo presentes aqui). Em outro momento, Freud (1923/1996) afirma que a pressuposição da existência de processos mentais inconscientes, a teoria da repressão e da resistência e a importância da sexualidade e do complexo de Édipo "constituem o principal tema da psicanálise e os *fundamentos* de sua teoria" (p. 264, grifo nosso). Assim, considerando esses absolutismos utilizados por Freud e por muitos de seus discípulos naquela época, não seria de se esperar nada muito diferente do seguinte:

> *No início do século XX, os psicanalistas alegaram que a evidência do complexo de Édipo era tão convincente que apenas aqueles que não queriam ver o mundo* como ele realmente é *poderiam continuar a negar a realidade edípica. Os psicanalistas se viam como heróis modernos que tiveram a coragem de encarar verdades desagradáveis e desafiar as autoridades convencionais (Zachar, 2014, p. 106, grifos do original).*

A psiquiatria diagnóstica, que a partir da década de 1970 substituiu o paradigma dinâmico por meio de batalhas políticas, também utiliza os absolutismos para justificar suas crenças. A visão de que os transtornos mentais são causados por mudanças na conformação física do cérebro é, por exemplo, uma asserção fundacional não questionada no interior dessa abordagem. Além disso, muitos profissionais da saúde mental consideram os transtornos presentes no Manual Diagnóstico e Estatístico de Transtornos Mentais (DSM) como entidades naturais, e não construções arbitrárias. Desse ponto de vista o DSM, portanto, nos forneceria lentes para enxergamos a realidade objetiva.

Em resumo, a adoção de absolutismos é frequente no "campo psi". Porém, alguns dos principais filósofos do século XX – Wittgenstein, Heidegger e Dewey – questionaram duramente a ideia de haver "fundamentos do conhecimento". A filosofia contemporânea rejeita o realismo, ou seja, a concepção de que o conhecimento pode ser uma espécie de representação correta ou um espelho da realidade, como a perspectiva epistemológica absolutista defende.

De acordo com Polkinghorne (2000), "para estar aberto a interpretações melhores é necessário estar consciente de que nossa compreensão pré-reflexiva do mundo não é apenas uma reflexão especular do mundo, mas sim uma interpretação" (p. 472). Essa compreensão se aplicaria a toda forma de conhecimento, inclusive o científico. Richardson, Fowers e Guignon (1999) afirmam, por exemplo, que as abordagens de saúde mental estão carregadas de valores morais e ideologias e seriam, portanto, interpretações localizadas no tempo e no espaço, e não descrições neutras, universais e objetivas. Ainda segundo esses autores, "estas 'culturas de tratamento' podem possuir virtudes, mas parecem ter também muitos valores ou características questionáveis" (p. 8).

Entender as abordagens de saúde mental como "culturas de tratamento" (Fancher, 1997) é subversivo, pois rompe com as concepções iluministas, positivistas e absolutistas de ciência. O conceito de cultura pode ser entendido a partir de dezenas de definições, mas aqui entendemos, como Geertz (2008) – o principal nome da antropologia hermenêutica –, que o ser humano é um animal amarrado a teias de significado que ele mesmo teceu e a cultura seria essa teia. A partir dessa mesma conceitualização, Cushman (1990) afirma o seguinte:

> *A cultura "completa" os seres humanos ao explicar e interpretar o mundo, ajudando-os a focalizar ou ignorar certos aspectos do ambiente e instruindo-os e proibindo-os de pensar e de agir de determinadas maneiras (Heidegger). A cultura não é uma vestimenta indígena cobrindo um humano universal. Ela permeia os indivíduos, fundamentalmente moldando-os e formando-os e como eles concebem a si mesmos e o mundo, como veem os outros, como se engajam em estruturas de obrigações mútuas e como fazem escolhas no mundo cotidiano (p. 601).*

Essa maneira não absolutista de entendimento considera o conhecimento um produto de fenômenos que são imanentes aos sistemas de crenças e práticas, organização social e realidade vivida (*lived reality*). Isso significa que desconsiderar os absolutismos não implica um relativismo radical, no sentido de todo e qualquer conhecimento criado ser válido. Os sistemas de crenças e práticas definirão a validade de um conhecimento principalmente pelos critérios de coerência interna da teoria e coerência dela com as demais crenças e práticas existentes em determinado contexto.

A vantagem de enxergar as abordagens de saúde mental enquanto culturas de tratamento é justamente trazer à tona os valores morais e as ideologias presentes nelas (algo que profissionais que preferem se enxergar como neutros evitam abordar). Como acontece na cultura entendida de forma ampla, a imersão acrítica em culturas de tratamento nos faz encarar os "costumes" (teorias, técnicas e métodos) de forma, absolutista e etnocêntrica. Como consequência, tende-se a atacar o pluralismo, a diversidade e, portanto, a própria democracia (uma vez que ela supõe a diferença).

Essas considerações teóricas foram feitas na intenção de o leitor compreender melhor os objetivos dessas *Vozes da psicanálise.* Buscou-se apresentar conceitos e ideias de variados autores da psicanálise na intenção de promover o interesse na diversidade existente na clínica psicanalítica. Desse modo, este é sem dúvida um projeto político. A época das grandes escolas, iniciada justamente no período que compreende este segundo volume – ou seja, após a morte de Freud e o fim da Segunda Guerra Mundial –, parece ter ficado no passado da história da psicanálise. As concepções absolutistas existentes no início do século XX deram lugar a uma psicanálise que dialoga bastante com conhecimentos de outros campos do saber. Essa psicanálise permite não precisarmos nos definir como "ianos" (freudiano, lacaniano, winnicottiano, bioniano etc.), sem que isso implique um ecletismo que desconsidera as diferenças metodológicas e epistemológicas de cada abordagem. Não se trata mais de querer encontrar qual teoria é mais objetiva, universal e possui mais tartarugas a apoiando, mas de valorizar o pluralismo e, portanto, conhecer novos saberes (e, por que não, novas culturas) que ampliem nossas compreensões clínicas. É verdade que isso faz com que a verdade seja sempre temporária e instável, mas, de todo modo, quem precisa de dogmas?

Sobre a Coleção

Seguem algumas informações a respeito desta Coleção para que seus critérios de organização e seus objetivos fiquem mais claros:

- É dirigida principalmente a clínicos e não possui uma abordagem acadêmica convencional. Seu objetivo é promover a diversidade – as diversas vozes – da psicanálise, almejando que o leitor se interesse por novas compreensões clínicas. As indicações de leitura presentes ao fim de cada capítulo visam oferecer caminhos para um aprofundamento posterior nos conceitos apresentados.
- Cada um dos capítulos apresenta o desenvolvimento de um conceito de algum psicanalista mundialmente conhecido. A articulação com a experiência clínica, um limite máximo de caracteres e a busca por clareza estão presentes em todos os textos.
- As ilustrações clínicas foram escritas levando-se em consideração um rigoroso cuidado ético com o sigilo, de modo a não expor informações que identifiquem as pessoas envolvidas. Como é sabido, a transmissão de conhecimento via narrativas clínicas tem sido fundamental na história da psicanálise.
- A Coleção apresenta um recorte da diversidade da psicanálise e, portanto, não pretende contemplar toda a riqueza de cento e vinte anos de desenvolvimento teórico e clínico. Assim, foram selecionados apenas alguns conceitos e autores, de modo que a ausência de algum destes não implica um desmerecimento ou um desconhecimento de sua importância. Buscou-se incluir o maior número possível de autores importantes da psicanálise nos limites da Coleção, mas todo recorte possui um caráter arbitrário, é claro.
- A classificação dos volumes da Coleção em períodos históricos foi realizada estabelecendo-se uma data média das principais publicações dos autores. Freud, por exemplo, inicia suas publicações psicanalíticas oficialmente com *A interpretação dos sonhos* (1900) e sua última grande obra é *Moisés e o Monoteísmo* (1939).

Desse modo, a média aproximada para esse autor é o ano de 1919 e por isso ele está no Volume 1 da Coleção (1900-1942). Assim foi feito com os demais.

David B. Florsheim
Organizador

Referências e indicações de leitura

Bernstein, R. J. (1996). *Beyond objectivism and relativism: science, hermeneutics, and praxis.* 6th ed. University of Pennsylvania Press.

Cushman, P. (1990). Why the self is empty: toward a historically situated psychology. *American Psychologist, 45*(5), 599-611.

Fancher, R. T. (1997). *Cultures of healing: correcting the image of American mental health care.* W. H. Freeman & Co.

Freud, S. (1914/1996). A história do movimento psicanalítico. In S. Freud, *Edição Standard Brasileira das Obras Psicológicas Completas de Sigmund Freud* (Vol. XIV). Imago.

Freud, S. (1923/1996). Dois verbetes de enciclopédia. In S. Freud, *Edição Standard Brasileira das Obras Psicológicas Completas de Sigmund Freud* (Vol. XVIII). Imago.

Geertz, C. (2008). *A interpretação das culturas.* LTC.

Polkinghorne, D. E. (2000). Psychological inquiry and the pragmatic and hermeneutic traditions. *Theory and Psychology, 10*(4), 453-479.

Richardson, F. C., Fowers, B. J., & Guignon, C. B. (1999). *Re-envisioning psychology: moral dimensions of theory and practice.* Jossey-Bass Publishers.

Sumner, W. G. (1906). *Folkways: a study of the sociological importance of usages, manners, customs, mores, and morals.* http://www.gutenberg.org/files/24253/24253-h/24253-h.htm.

Zachar, P. (2014). *A metaphysics of psychopathology.* MIT Press.

KAREN HORNEY (1885-1952)

1. O conflito básico do neurótico: interpessoal e intrassubjetivo

Patrícia Mafra de Amorim

Em sua teoria "construtiva" da neurose, Karen Horney (1945) considera que a origem da perturbação neurótica é menos importante do que aquilo que ela é capaz de causar na vida de um sujeito. A autora assume que a gênese da neurose reside nos sentimentos de desamparo da criança diante de seu ambiente, mas que seu desenvolvimento depende de como o pequeno usará de suas relações para se proteger desses sentimentos. A autora organizou seus achados em uma psicopatologia geral e continuísta que tem como base as tendências neuróticas dos pacientes, as quais seriam um tipo de cartografia que revelaria a forma como a personalidade se constituiu interpessoalmente (Horney, 1937).

No presente capítulo, buscaremos explicitar o conceito de *conflito básico*, o centro de onde emana a neurose, de acordo com Horney (1937). Segundo ela, esse conflito teria a capacidade de cindir a personalidade do sujeito, impedindo-o de desejar verdadeiramente o que quer que seja e, em última instância, podendo arruinar sua vida, na medida em que esvazia suas relações de autenticidade.

Diferentemente de Freud, a autora acreditava que a neurose não era uma condição *sine qua non* da existência humana, mas uma tentativa de lidar com fatores ambientais adversos, a partir das possibilidades relacionais apresentadas por determinada cultura (Horney, 1937). Em outras palavras, Horney supunha que diferentes organizações culturais produziam diferentes modos de socialização, os quais, em nossa cultura ocidental, poderiam ser divididos em três grandes grupos: *ir em direção às pessoas, ir contra as pessoas e isolar-se delas* (Horney, 1939). Essas atitudes são consideradas neuróticas à medida que se tornam "compulsivas, indiscriminadas e geram ansiedade ou desespero quando frustradas" (Horney, 1945, p. 50).

Horney, então, propõe que, diante de um ambiente relacional hostil e povoado de incoerências, a criança pode sentir-se forçada a reprimir sua hostilidade em relação aos outros significativos, como forma de sobreviver. Mas, por não ser capaz de integrar tais experiências sozinho, o *infans* se sentiria demasiadamente indefeso, amedrontado ou culpado. E quanto mais intensos esses afetos, mais impelido ele será a recalcar seus sentimentos de antagonismo, gerando, assim, um estado de ansiedade intensa (Horney, 1937). Assim, percebe-se que, para a autora, "o conflito básico do neurótico [está] nas atitudes fundamentalmente contraditórias que ele adquiriu em relação a outras pessoas" e que o impedem de mover-se na vida (Horney, 1945, pp. 40-41).

Horney descreveu uma tendência defensiva para cada uma das situações em que determinado sentimento prevalece no mundo interno da criança. Logo, se o sujeito é exposto a certas condições que exigem dele comportamentos de dependência, hostilidade ou isolamento, uma dessas três modalidades de relacionamento se desenvolverá, prioritariamente. Com o tempo, esse estilo de relacionar-se abarcará toda a personalidade do sujeito, tornando-se uma "lente" através da qual ele interpreta os acontecimentos em geral (Horney, 1945). Tais estratégias defensivas iniciam, no entanto, círculos viciosos que intensificam, ao invés de reduzir, a ansiedade, à medida que entram em conflito entre si ou com a *imagem idealizada*[2] que o sujeito tem de si mesmo (Horney, 1937).

Por ser um conceito que tem por objetivo explicar dinamicamente a constituição da personalidade e o desenvolvimento de estilos de relacionamento interpessoal, o conflito básico permite compreender uma vasta gama de fenômenos clínicos. Para exemplificá-lo, relatarei o caso de um paciente de 19 anos que atendi durante sua primeira internação em instituição psiquiátrica, devido a um quadro grave de toxicomania. Na proposta de análise interpessoal de Horney, poderíamos descrevê-lo como alguém com uma *tendência a ir em direção às pessoas*, prioritariamente, mas que, em situações críticas, podia tornar-se agressivo e distante.

Vindo de uma família rica, em sua infância havia gozado de considerável conforto material, apesar dos repetidos empreendimentos fracassados do pai e do desinteresse em trabalhar da mãe. Durante seus dois primeiros anos, foi bastante mimado por eles, mas, com o nascimento da irmã mais nova, adoeceu gravemente, tendo febres altas e não conseguindo comer durante várias semanas. A relação com essa irmã nunca foi boa. Eles competiam constantemente pela atenção dos pais e, muitas vezes, ela era o alvo de suas explosões de raiva e agressividade. Os dois foram criados por empregados da família, que eram substituídos com alguma frequência e por motivos nem sempre claros para ele.

Quando iniciou seu processo, havia cerca de um ano que consumia cocaína, já em doses surpreendentes. A relação com a mãe era

[2] Busca de solução para o conflito básico, que tem o intuito de servir como ponto de manutenção da coesão do eu frente a tais contradições; constitui-se como uma imagem rígida de si formada pelos ideais do sujeito em relação ao eu e ao mundo.

altamente indiferenciada, sendo que ela também aparentava possuir uma personalidade dependente, oscilando entre negligenciá-lo e controlá-lo. O pai era constantemente desvalorizado por ela e meu paciente parecia aliar-se a essa posição, tendo uma visão degradada da figura paterna, em oposição à todo-poderosa mãe. Suas outras relações interpessoais não lhe pareciam significativas e constantemente sentia-se usado pelos amigos e colegas, o que lhe trazia grande sofrimento, sem que conseguisse posicionar-se frente a eles.

Ele repetia esse padrão de relacionamento em nossa relação e parecia representar o papel de "bom paciente", mas frequentemente frustrava-se por não obter a resposta esperada, achando que eu não gostava dele. Houve um episódio em que, após uma mudança na cor do meu cabelo, ele "desapareceu" durante uma semana. Os pais não sabiam onde ele estava, mas alguns dias depois me ligou dizendo que havia ficado perturbado por não saber como se comportar diante de mim.

Creio que esse desaparecimento da análise, após ser surpreendido por um novo elemento no *setting*, pode ser interpretado como uma defesa diante da angústia despertada por não saber sobre o desejo da analista. Penso em como lhe pareceu ameaçador sentir-se vulnerável diante de alguém, sem que soubesse quais eram as expectativas em relação ao que ele deveria fazer ou sentir.

Assim, o conflito básico que este paciente parecia apresentar referia-se a querer e achar que precisava depender das pessoas, mas, ao mesmo tempo, frustrar-se e sentir-se invadido pelo desejo do outro. Dessa forma, o uso da droga parecia ser um meio de circunscrever o conflito, na medida em que tinha o poder de afastar a todos, mantendo uma integridade mínima de sua personalidade. No entanto, as feridas que o uso causava em suas relações agravavam sua insegurança, levando-o a comportamentos mortíferos, como alternar a ingestão de cocaína com a de remédios hipnóticos.

É interessante perceber que as literaturas psicanalítica e psicológica apresentam um consenso em relação ao papel que a dimensão socioafetiva desempenha na instauração do comportamento compulsivo no uso de drogas. Nesse caso, aparentemente, o paciente atribuía ao objeto cocaína o papel de manter as pessoas longe, ao mesmo tempo que as mantinha constantemente preocupadas com ele.

Referências e indicações de leitura

Horney, K. (1937). *The neurotic personality of our times.* W. W. Norton & Company.

Horney, K. (1939). *New ways in psychoanalysis.* W. W. Norton & Company.

Horney, K. (1945). *Our inner conflicts: a constructive theory of neurosis.* W.W. Norton & Company.

Horney, K. (1969). *Nossos conflitos interiores.* Civilização Brasileira.

2. A imagem idealizada

Patrícia Mafra de Amorim

Um dos conceitos básicos na teoria da neurose de Horney é o de *imagem idealizada*, que, junto com as atitudes de dependência, agressividade e isolamento, constituem a principal forma de o sujeito livrar-se do *conflito básico*[3] (Horney, 1937/1984). A psicopatologia formulada pela autora sugere uma noção continuísta e construtiva em relação às estruturas de personalidade. Isso significa dizer que o foco da análise proposta por Horney reside não na descoberta da etiologia do adoecimento, mas nas forças dinâmicas que sustentam a patologia no momento em que o sujeito se submete ao tratamento (Horney, 1937/1984).

Isso fica ainda mais claro quando a autora teoriza sobre a função da imagem idealizada na manutenção e no agravamento do sofrimento psíquico. Segundo ela, esse fenômeno foi reconhecido e

---

[3] Para Horney (1945/1966), mais importante que a descoberta da gênese da neurose era compreender o que ela seria capaz de gerar na estruturação da personalidade. Dessa forma, a autora busca o conflito subjacente, ou o *conflito básico*, às estratégias relacionais elaboradas pelo sujeito ao longo de sua vida, a fim de interpretar o sintoma e promover a perlaboração do paciente.

nomeado de diversas formas por diferentes autores, sendo tratado em Freud pelos nomes de ideal do eu, narcisismo ou superego (Horney, 1945/1966).

Horney o descreverá a partir de suas funções na personalidade neurótica atual, mas afirma que sua forma mais flagrante será encontrada na psicose. Isso porque essa imagem é composta pelas características que o sujeito gostaria de ter ou acredita que deveria ter, logo, "[se] considerarmos o grau de remoção da realidade a diferença marcante entre neurose e psicose, poderíamos ver a imagem idealizada como um pouco de psicose tecido na neurose" (Horney, 1945/1966, p. 97). Pois, apesar de as características almejadas poderem estar presentes de maneira incipiente na pessoa, ela as têm como fatos dados e é incapaz de reconhecer suas inconsistências.

A imagem tem, portanto, a função defensiva de livrar o sujeito do conflito básico por meio da criação de um ideal de si que congrega todas as características necessárias para a sobrevivência no ambiente humano. Essa imagem condiz com a forma como o sujeito se coloca nas relações, ou seja, se possui uma atitude dependente em relação aos outros, sua imagem idealizada provavelmente conterá crenças do tipo: "sou uma pessoa frágil", ou "sou carinhoso e atencioso", mas, por outro lado, reprimirá aspectos hostis e agressivos, tidos como incompatíveis.

Dessa forma, a imagem idealizada substitui a autoconfiança e a autoestima autênticas, pois representa as expectativas e as exigências, de modo geral inconscientes, do neurótico em relação a si mesmo (Horney, 1945/1966). Essas, por sua vez, precisam ser infladas, uma vez que o sujeito neurótico se percebe desamparado em um mundo hostil (Horney, 1935/2000). Mas, ao negar a existência do conflito e manter-se rígida diante das mais variadas experiências, a imagem idealizada leva o sujeito a ter a sensação de estar amortecido. Assim, o esforço para manter essa imagem apartada da realidade leva à exaustão psíquica, ao sentimento de vazio e à ansiedade diante de eventos que ameacem sua desconstrução, o que apenas reforça a dimensão inconciliável do conflito psíquico, paralisando o sujeito.

Portanto, quanto maior o conflito, mais rígida a imagem idealizada, já que em última instância ela representa a tentativa do sujeito de manter-se íntegro, uno, diante da ameaça de desintegração, que é percebida como iminente quando ele se aproxima da realidade (Horney, 1945/1966). Horney ainda aponta que a imagem idealizada funciona como um *self* fictício ou ilusório capaz de manter o *self* real precariamente protegido dos conflitos, mas que está fadado ao fracasso, justamente por impedir o *self* real de aprender com as experiências, produzindo uma harmonia artificial e temporária.

Como essa imagem pode acabar se tornando vital para a existência e o funcionamento do sujeito, expor seus defeitos e suas inconsistências na análise é muitas vezes inútil, até que ela se torne um pouco menos essencial na vida da pessoa. Isso, segundo Horney, poderia acontecer tanto por meio da percepção dos danos causados pela imagem – como a falta de energia psíquica e a sensação de não se reconhecer – quanto de vivências que convençam o paciente de que ele é capaz de aceitar suas limitações e aprender com elas (Horney, 1945/1966).

Exemplos da imagem idealizada são abundantes na clínica contemporânea e há uma relação direta entre sua força e a alienação de si vivida pelo paciente, portanto, é importante que o analista considere que sua desconstrução, apesar de fundamental para o tratamento, não constitui tarefa banal, nem rápida. Afinal, ela exige que o sujeito se arrisque a enfrentar a realidade sem sua principal proteção.

Trarei como exemplo do funcionamento dessa defesa o caso de uma jovem paciente que, havendo conquistado sucesso profissional significativo para sua idade, buscava sustentar uma imagem de independência e autonomia em relação aos outros, o que tornava sua vida difícil e solitária. Suas queixas iniciais giravam em torno de dúvidas sobre os próximos passos que daria em sua carreira, um medo irracional e constante de ser demitida e uma impressão vaga de que suas relações eram superficiais. Não tinha amigos e a relação com os pais era conturbada, mas havia "solucionado" essa questão indo morar sozinha. Os relatos sobre sua infância geralmente eram racionalizados e sem afeto aparente, mesmo quando contava experiências dolorosas.

A única pessoa com quem se permitia demonstrar alguma vulnerabilidade era o namorado e, nesta relação, apresentava um comportamento diferente, demandando atenção e ficando constantemente frustrada e insegura com o que julgava ser uma falta de cuidado por parte dele. A dependência de seu relacionamento amoroso não era tida, no entanto, como incompatível, nem levava ao questionamento da visão de si como uma mulher independente e poderosa.

Minhas tentativas iniciais de nomear essas incoerências eram descartadas. Compreendi então que se tratava de algo com importância vital e reconheci a legitimidade de desejar sentir-se independente de sua família, mesmo que isso implicasse depender de outra pessoa. Essa compreensão parece ter contribuído para a abertura de outras vias de trabalho, a partir de uma mudança na posição da paciente em relação às demandas que fazia a si e aos outros, incluindo a mim.

Sua confiança em mim cresceu, o que possibilitou a realização de associações que revelavam as funções que essa imagem idealizada cumpria, como proporcionar orgulho aos seus pais por sua independência e afastar o medo de ser insuficiente ou incapaz de despertar o interesse dos outros. Aos poucos ela pôde perceber que o esforço que fazia para convencer os outros e a si mesma de sua autoconfiança e sua competência estava contribuindo para o aumento de sua tensão e sua autoexigência, levando-a a sentir-se constantemente encurralada e atuando esta tensão em si mesma.

Referências e indicações de leitura

Horney, K. (1935/2000). Woman's fear of action. In K. Horney, *The unknown Karen Horney: essays on gender, culture, and psychoanalysis* (pp. 117-123). Yale University Press.

Horney, K. (1937/1984). *A personalidade neurótica do nosso tempo.* Civilização Brasileira.

Horney, K. (1945/1966). *Our inner conflicts: a constructive theory of neurosis.* W.W. Norton & Company.

Horney, K. (2000). *The unknown Karen Horney: essays on gender, culture, and psychoanalysis.* Yale University Press.

3. Cultura e neurose

Larissa Ramos da Silva

Um dos aspectos pelos quais a obra de Karen Horney ficou conhecida na história da psicanálise foi a ênfase da autora sobre o lugar da cultura na constituição do psiquismo. A autora destacava que os ideais culturais permeiam os conflitos inconscientes e até mesmo nossas leituras clínicas e construções teóricas. Este capítulo terá como objetivo tecer um breve comentário sobre as articulações entre cultura e neurose na obra de Horney, apresentando suas proposições em torno destes conceitos.

Para começar a situar o modo como abordava a cultura, cabe mencionar que Horney partiu de críticas a algumas das noções psicanalíticas mais difundidas na época. Afirmava que certas premissas freudianas tomavam a cultura por um viés universalista, generalizando tendências predominantes do neurótico da classe média da civilização ocidental como inerentes a uma suposta natureza humana (Horney, 1939/1966).

Além disso, criticava uma abordagem unilateral da cultura, que partisse do entendimento das pulsões na vida psíquica para teorizar sobre diferentes fenômenos culturais. Ou seja, para ela, a psicanálise errava ao se basear apenas no psiquismo do sujeito para pensar a cultura, explicando fenômenos culturais complexos por meio da analogia com fenômenos neuróticos da cultura ocidental (Horney, 1939/1966). Alguns dos questionamentos de Horney (1935/1991, 1937/1977, 1939/1966) nesse sentido se referem à universalidade do complexo de Édipo e do masoquismo feminino, por exemplo. A autora aponta para delimitações culturais específicas que estariam por trás dessas leituras clínicas, como a formação familiar ocidental e burguesa, as limitações às quais as mulheres eram submetidas em culturas patriarcais, entre outras.

Para Horney, levar em consideração a estrutura social da qual se faz parte enriqueceria o trabalho de análise, evitando que o analista atribuísse apenas às vicissitudes particulares do sujeito e de sua história familiar aspectos que seriam, na realidade, influenciados por determinada cultura. Ao mesmo tempo, o próprio analista poderia se dar conta de implicações de sua escuta que estão atravessadas por ideais culturais.

Percebemos essa articulação na própria atuação clínica de Horney. A autora refere-se, por exemplo, à escuta de mulheres que sacrificam suas carreiras em prol do sucesso profissional dos maridos. Naquela época, afirma Horney, isso seria visto como "normal", enquanto o contrário, ou seja, um marido sacrificando sua carreira pela da esposa, seria considerado problemático. Sublinha, dessa forma, que um mesmo relato escutado de um paciente homem ou de uma paciente mulher poderia suscitar leituras clínicas completamente diferentes em virtude da crença cultural de que homens teriam um direcionamento para a vida cultural e intelectual, e mulheres, para a vida do lar e da família. A autora problematiza, portanto, o fato de alguns preceitos teóricos advindos de ideais culturais – neste caso, ideais patriarcais – permearem a escuta psicanalítica de forma acrítica.

Horney (1937/1977, 1939/1966) aposta em uma leitura crítica que evite a naturalização de padrões tidos como "normais". Assim, estabelece o diálogo entre cultura e neurose em sua obra partindo do questionamento sobre o que é considerado normal. Como pontua que a ideia de normalidade varia entre culturas e em diferentes épocas, argumenta que um ideal de sujeito normal não poderia servir de baluarte para o trabalho clínico, já que poderia estar carregado de atravessamentos culturais que causariam ruídos à escuta do analista. Como alternativa, propõe que a psicanálise, em vez de se tornar uma ferramenta de adaptação aos ideais culturais e ao dito "normal", deveria se constituir como busca de saúde psíquica, sendo esta a liberdade de um sujeito de usufruir de suas próprias capacidades.

Cabe lembrar que, com suas proposições sobre o lugar da cultura e sua articulação com a neurose, Horney não afirmava que a etiologia das neuroses deve ser lida como estritamente ligada a questões de ordem cultural. Para ela, a pessoa com maior probabilidade de se tornar neurótica seria aquela que mais experimentou as dificuldades decorrentes da cultura e que teve menos recursos para elaborá-las, de acordo com sua história singular (Horney, 1937/1977).

Em resumo, podemos considerar que a forma como Horney articula cultura e neurose se fundamenta na problematização do conceito de normalidade, indicando que a psicanálise não deve se tornar uma ferramenta de adaptação ao "normal" enquanto ideal cultural, mas de busca de saúde psíquica. Para que isso ocorra, sugere que os psicanalistas estejam atentos à cultura de seu tempo e como esta permeia sua prática clínica, sua escuta e sua teorização. Ressalta-se que essa contribuição, que atualmente encontra ecos na teorização psicanalítica e pode parecer quase consensual, foi pioneira na época de sua produção.

Para exemplificar a articulação dessa proposição de Karen Horney com a prática clínica atual, selecionei uma breve vinheta advinda de minha experiência com um paciente de 20 anos. Uma de suas principais queixas, que o levou a buscar atendimento, é a de que não consegue ser produtivo, que se sente atrasado por não estar trabalhando no momento e acredita que deveria estar estudando mais, fazendo mais cursos online para se aperfeiçoar em sua área, enviando mais currículos.

À primeira vista, ao receber essa queixa, o trabalho se deu no sentido de transformá-la em uma demanda endereçada a mim, que trouxesse a articulação desta questão com sua história de vida, com o modo como se narra, e abrisse espaço para que ele pudesse se perguntar sobre sua queixa. Em algum momento, me dei conta de que minhas intervenções buscavam construir com ele uma narrativa sobre o que o estava impedindo de se movimentar em direção ao trabalho, e ao mesmo tempo incentivá-lo a buscar experiências nesse âmbito.

Partindo das reflexões de Horney sobre cultura e neurose, me pus a pensar em outra via de trabalho. Entendendo que o ideal de produtividade e de eterno aperfeiçoamento profissional individual, ao estilo *self-made man*, marca o contexto neoliberalista no qual vivemos, percebi que não se tratava apenas de criar narrativas sobre sua impossibilidade de trabalhar e abrir novas possibilidades nesse campo, mas também de deslocar ainda mais a pergunta. Foi então que, tomando o significante *atrasado*, tão presente neste caso, convidei o paciente a seguir o caminho de abrir uma rede de associações em torno dessa palavra, o que possibilitou uma ampliação do nosso trabalho no sentido de novas articulações sobre sua sensação de estar atrasado, ser incapaz e improdutivo.

Não se trata, entretanto, de afirmar que seu sofrimento provém apenas de uma pressão cultural que tem a produtividade como ideal, ou de abandonar a ideia de que seria importante para ele ter experiências no campo do trabalho. Trata-se, isto sim, de atentar-se aos momentos nos quais, atravessados nós mesmos pelos ideais da cultura na qual vivemos, fechamos caminhos fundamentais para um trabalho de análise e acabamos trabalhando na via de uma adaptação à cultura sem nos darmos conta.

Referências e indicações de leitura

Horney, K. (1934/1991). A supervalorização do amor. In K. Horney, *Psicologia feminina*. Bertrand Brasil.

Horney, K. (1935/1991). O masoquismo feminino. In K. Horney, *Psicologia feminina*. Bertrand Brasil.

Horney, K. (1937/1977). *A personalidade neurótica do nosso tempo*. Civilização Brasileira.

Horney, K. (1939/1966). *Novos rumos na psicanálise*. Civilização Brasileira.

JOAN RIVIERE (1883-1962)

4. A feminilidade e a noção de máscara

Carolina Nassau Ribeiro

A noção de máscara surgiu em 1929, quando Joan Riviere escreveu o artigo "A feminilidade como máscara", que, segundo Roudinesco e Plon (1988), é em grande parte autobiográfico.[4] No artigo, Riviere (1929/2005) demonstra, por meio da análise de um caso clínico, que não existe diferença entre a posição feminina e a máscara. Sua tese é de que a feminilidade é um artifício com a função tanto de encobrir as fantasias de posse do pênis quanto de proteger a mulher de possíveis ataques masculinos como vingança pelo fato de ela ter se apossado do pênis. Para ratificar essa hipótese, descreve casos nos quais a máscara da feminilidade se apresenta com formas distintas e singulares, dentre os quais se destaca o de uma dona de casa que executava os serviços considerados masculinos dentro da casa, mas, quando chamava um homem para consertar algo, escondia os seus conhecimentos técnicos, assumindo, assim, a aparência de uma mulher sem instrução e sem prática na execução de tais serviços.

---

[4] A despeito dessa afirmação de Roudinesco, esclarecemos que não nos deteremos nos dados autobiográficos da autora.

O artigo centra-se, sobretudo, no caso clínico de uma mulher com uma excelente relação conjugal, tanto no aspecto da ligação afetuosa como na esfera sexual, e que, além disso, exercia sua carreira profissional com êxito e tinha orgulho de sua eficácia nos trabalhos domésticos, ou seja, uma mulher que tinha sucesso em várias áreas de sua vida. Não obstante, apresentava um quadro de angústia que a motivou a procurar análise. A angústia estava relacionada com a *necessidade de reconhecimento* que sentia em momento posterior às apresentações públicas que eram exigidas por seu ofício, por exemplo, após falar para uma audiência. "Essa necessidade de reconhecimento levava-a compulsivamente a buscar a atenção ou o elogio de um ou mais homens ao final do evento em que participara ou no qual tinha sido a figura principal" (p. 15). Nesses momentos, ela procurava o reconhecimento por parte de homens que poderiam ser considerados substitutos da figura paterna, ou seja, intelectuais que pudessem lhe ofertar tanto um elogio concernente à sua boa atuação profissional quanto demonstrar-lhe interesse sexual, o que reforçaria sua posição feminina. Para a analista Joan Riviere, sua paciente "disfarçava-se" de mulher, evitando, assim, as possíveis retaliações que ela fantasiava receber daqueles homens. Remetemos a essa estratégia na seguinte citação:

> *Portanto, o objetivo da compulsão não era apenas garantir o reconhecimento, provocando sentimentos amistosos para si por parte do homem; era sobretudo garantir segurança, mascarando-se como alguém sem culpas e inocente.* . . . A feminilidade, portanto, podia ser assumida e usada como uma máscara tanto para ocultar a posse da masculinidade, como para evitar as represálias esperadas, *se fosse apanhada possuindo-a; tal como um ladrão que revira os bolsos e pede para*

> *ser revistado a fim de provar que não furtou os bens roubados (pp. 16-17, grifos nossos).*

Em outras palavras, a máscara da feminilidade era utilizada com o objetivo de disfarçar suas insígnias masculinas e o seu poder fálico, em decorrência do medo de que fossem reconhecidos e retaliados. Para apaziguar a suposta vingança, ela se oferecia como objeto sexual para aqueles a quem temia. Todavia, disfarçar-se de mulher pode ser uma maneira desviada de afirmar a sua masculinidade fálica? Para respondermos a essa pergunta, desdobraremos mais detalhadamente as nuances e especificidades do caso.

A análise demonstrou que a paciente rivalizava tanto com a mãe como com o pai, o que é elucidado por três pontos da sua construção edípica. O primeiro é relacionado ao pai, pois, de acordo com a autora, ela se identificou com ele e encontrou no complexo de masculinidade uma saída para a constatação da castração. Como o pai, ela escolheu uma profissão intelectual que frequentemente lhe exigia uma apresentação pública. Todavia, essa identificação era ambígua e apresentava os elementos imaginários de rivalidade e de revolta tanto em relação ao pai como aos seus substitutos: Riviere salienta o fato de a paciente ter-se autodeflorado[5] antes do casamento como a representação de sua vontade de não ser vencida pelo homem, mostrando-se, assim, tão masculina como ele.

O segundo aspecto relaciona-se à intensa rivalidade direcionada para a figura materna, que é realçada pela visão kleiniana presente na descrição. Ao constatar a castração materna, ela se identificou com o pai e ocupou o seu lugar. Ao tornar-se possuidora do falo paterno, ela o restituiu para a mãe, que nunca deixou de ser odiada

---

[5] Segundo o relato do caso clínico, a paciente era muito ansiosa em relação ao defloramento. Com efeito, antes do casamento, ela procurou uma médica para romper o seu hímen.

e temida: "Nesta situação pavorosa, a única garantia da menina consiste em apaziguar a sua mãe e reparar o seu crime" (Riviere, 1929/2005, p. 16). Era com esse fim que a paciente prestava ajuda a mulheres frágeis e desprovidas que despertavam nela o sentimento de superioridade.

E, finalmente, o terceiro ponto frisado liga-se à inveja do pênis (*Penisneid*). Essa mulher relatava fantasias e sonhos nos quais castrava o seu marido. Destaca-se, assim, o fato de sua sexualidade ser marcada pela ideia de que o prazer obtido no ato sexual era resultado da restituição de alguma coisa que lhe faltava.

Uma das principais perguntas de Joan Riviere centra-se sobre o que caracterizaria a feminilidade. Sua tese é de que não existe uma linha divisória entre a feminilidade genuína e a máscara, de modo que a feminilidade só poderia representar-se pelo artifício da máscara e, como consequência, somente por meio de um disfarce é que sua paciente poderia apresentar-se como desprovida de atributos fálicos. Para Riviere (1929/2005), é somente por meio da máscara que a feminilidade pode se apresentar e se representar, dado o império do falo na partilha entre os sexos.

Referências e indicações de leitura

Ribeiro, C. N. (2018). *Reduzir-se a nada: articulações entre o masoquismo, o feminino e a máscara*. Annablume.

Riviere, J. (1929/2005, jul.-dez.). A feminilidade como máscara. *Psychê*, *16*, 13-24.

Roudinesco, E., & Plon, M. (1998). *Dicionário de psicanálise*. Jorge Zahar.

MELANIE KLEIN (1882-1960)

5. Posição depressiva: um grande passo

Audrey Setton Lopes de Souza

Pretendo sublinhar a conquista representada pela possibilidade de viver as experiências de um modo depressivo e, nesse sentido, considerar a fuga dos sentimentos depressivos como um empobrecimento pessoal. Aí estaria a grande questão do desenvolvimento psíquico: viver as emoções do luto sem ser vencido por ele e sucumbir à depressão ou recorrer a maciças defesas para não entrar em contato com ele? Este é o campo que gostaria de explorar para pensar, sob o vértice kleiniano: a importância do alcance da posição depressiva. Ainda que não se possa dizer que haja uma entrada na posição depressiva, pois as posições são processos e não entidades estáticas, talvez seja possível dizer que se alcance uma predominância de um modo depressivo de operar as emoções.

Klein (1934/1996) aborda o intenso trabalho psíquico presente na elaboração do primeiro grande luto: a percepção da mãe como um objeto separado, com todas as angústias daí decorrentes. Trata-se do reconhecimento da existência de um outro e de todas as facetas que daí decorrem, tanto no campo da intra- quanto da intersubjetividade.

Melanie Klein (1934/1996) iluminou teoricamente este momento, que denominou posição depressiva, referindo-se a um período inicial do desenvolvimento e, sensível clínica como era, não deixou de destacar a possibilidade do uso de mecanismos maníacos e obsessivos como parte desse difícil e rico percurso. Ela vai destacar a importância da introjeção do bom objeto com segurança para que esse processo se inicie e sabemos que uma experiência inicial de segurança nessas primeiras relações será sempre primordial.

Ao contrário da posição esquizoparanoide, na qual a experiência é parcial, tanto em relação a si mesmo quanto em relação ao objeto, na posição depressiva é possível perceber-se como um objeto total (amando e odiando, possuindo qualidades e defeitos, valores antagônicos etc.), além de perceber-se em relações com objetos também totais e que, portanto, satisfazem e frustram, sem que isso implique ativar um *splitting* defensivo. Tal mudança permite acompanhar a continuidade da experiência de si mesmo e do outro e representa um grande avanço, pois implica a possibilidade de viver a subjetividade e a historicidade.

Este novo modo de viver amplia o conhecimento do mundo e de si mesmo, mas também expõe o sujeito a novas ansiedades. Se na posição esquizoparanoide a ansiedade predominante era uma ameaça de um perseguidor externo, depositário dos aspectos maus nele projetados, na posição depressiva esses aspectos podem ser reconhecidos como próprios, o que cria ansiedades de outra ordem, decorrentes deste reconhecimento. Como aceitar em mim mesmo aspectos indesejáveis, conviver com a percepção de que posso pôr em risco a relação com as pessoas ou valores que amo e preservar o objeto amado dos riscos de mim mesmo? Como conceber este novo modelo de relação, aceitar que a pessoa amada tem momentos em que posso odiá-la, admitir que ela tenha uma existência separada da minha e que possa não viver exclusivamente para mim e conviver com a percepção da minha impotência para controlá-la?

O maior contato consigo mesmo leva a um conhecimento mais profundo e verdadeiro da própria subjetividade e a experiência de responsabilidade, paralelamente, permite conhecer melhor o outro, que passa a ser percebido como contendo aspectos bons e maus, amados e odiados, e, além disso, passa a ser percebido como tendo uma existência independente de mim e dos meus desejos. Com a possibilidade de manter-me conectado comigo mesmo e acompanhar a experiência em sua dimensão histórica, inclusive nos momentos de frustração, é possível perceber o quanto preciso e dependo de um objeto que pode me frustrar, despertar minha hostilidade e se afastar de mim independentemente da minha vontade.

Klein, ao falar das dificuldades na elaboração da posição depressiva, destaca, como elementos desta dor decorrente da integração, o reconhecimento da dependência, a perda da onipotência, a culpa, o reconhecimento da própria hostilidade e o anseio pela reparação. Reparar significa dar conta das emoções e do perigo que elas podem representar para a relação com aquilo que amamos e tentar "consertar" uma situação: pode ser com a mãe, com quem fomos malcriados; com o pai, com quem percebemos competir; e com o namorado, que atormentamos com nosso ciúme.

A reparação é sempre um trabalho penoso, pois implica reconhecer que se possa ter posto em risco uma relação e responsabilizar-se por isso, reconhecer-se amando e querendo manter a relação, inseguro quanto aos estragos realizados, esperançoso, porém não onipotente, ser capaz de remediar e, assim, precisar estar atento a si e ao outro para acompanhar os efeitos dessa reparação. Tal perspectiva é diferente do que ela chama de reparação maníaca, um modo de viver a reparação pautado pela onipotência e no qual, apesar de se reconhecer a culpa e a responsabilidade, há uma ideia mágica de reconstrução que impede todo o trabalho de observação presente na reparação. Muitos pedidos de desculpa podem ser vistos como maníacos. É como se ouvíssemos: "Desculpa, e não se fala mais nisto; afinal, eu já pedi desculpa". Sentimos que não há um engajamento verdadeiro da pessoa com aquilo e antecipamos que nada se aprendeu, sobre si mesmo e sobre a relação, com aquela experiência. Por outro lado, existem os pedidos genuínos de desculpa, nos quais percebemos que há uma verdadeira consideração pela experiência vivida pela dupla, percebemos que aquela situação foi útil, apesar de dolorosa, para que nos conhecêssemos um pouco mais e crescêssemos com essa aprendizagem.

Com a passagem pela posição depressiva, o mundo se amplia e se torna mais rico e criativo; abre-se o caminho para um mundo mais amplo do que a relação dual; é possível viver o Édipo; e inicia-se a vida simbólica, o jogo e o brincar.

Algumas vinhetas clínicas podem ser úteis para ilustrar as riquezas e armadilhas desse processo.

> *Paulo (6 anos) chega a meu consultório poucos meses depois do nascimento de seus irmãos gêmeos. Sempre fora o reizinho da família e agora estava atormentado por pensamentos obsessivos e fobias. Recebi um menino arrogante e autoritário; passamos sessões e mais sessões preparando armadilhas na minha sala, para "pegar" aqueles que tentassem entrar, brincamos também com os bonequinhos "maluquinhos" que destruíam a casa toda. Destruir e arrumar faziam parte de nosso dia a dia. Um dia ele me disse: "Aqui é legal porque você não tem medo do menino maluquinho".*

Com Paulo, acolher o menino maluquinho permitiu que ele se sentisse menos culpado e perseguido por seus sentimentos com a chegada dos irmãos.

> *Roberto (5 anos) tinha dificuldades no relacionamento com os amigos e achava que estes não gostavam dele, reagindo agressivamente quando frustrado e odiando ir à escola. Ele se recusava a fazer contato com os outros, dizia preferir ficar sozinho. Precisei "reclamar" muito sua presença e mostrar meu empenho para encontrá-lo, para que ele fosse diminuindo os períodos nos quais ia para o que chamávamos de seu esconderijo. Aquilo que era virar de costas para mim e ficar com suas revistinhas passou a ser brincar de esconde-esconde e pedir para ser procurado e encontrado. Precisávamos construir a segurança de ter um lugar na minha vida e na vida das pessoas a sua volta, para poder dar lugar ao outro em sua vida.*

Referências e indicações de leitura

Klein, M. (1934/1996). Uma contribuição à psicogênese dos estados maníaco-depressivos. In M. Klein, *Edição Brasileira das Obras Completas de Melanie Klein* (Vol. I). Imago.

Klein, M. (1940/1996). O luto e sua relação com os estados maníaco--depressivos. In M. Klein, *Edição Brasileira das Obras Completas de Melanie Klein* (Vol. I). Imago.

6. Feminilidade em Melanie Klein

Marcos Leandro Klipan

Pretendo discutir aqui uma concepção de feminilidade que pode ser compreendida ao longo da obra de Melanie Klein e que, desde seus primeiros trabalhos, marca seu pensamento como uma ruptura de paradigma, não apenas na psicanálise, mas, podemos arriscar dizer, no pensamento ocidental, que tem matrizes derivadas desde a Grécia da Antiguidade. Isso porque essa autora descentra a figura do masculino como eixo originário na constituição subjetiva, algo que não acontecera com Freud, por exemplo (Birman, 1999, 2001). E o que isso quer dizer exatamente? Ao atender crianças bastante pequenas, Klein deparou com relações muito precoces dessas crianças com suas mães. Com isso, as fantasias que essas crianças traziam para a cena do atendimento marcavam predominantemente aquilo que a psicanálise chamava, até então, de conflitos pré-edípicos.

O efeito desse deslocamento da figura do pai, ou melhor, da figura masculina na base de suas teorizações fez com que essa autora passasse a revisar conceitos clássicos da psicanálise freudiana, como o complexo de Édipo (Klein, 1928/1996) e o superego (Klein, 1932/1997), e criasse conceitos que se tornaram importantes para a psicanálise, como os das posições esquizoparanoide e depressiva, da reparação, dos seios bom e mau, entre outros. Os conceitos de superego primitivo e complexo de Édipo arcaico não representaram apenas uma antecipação temporal de sua origem, mas, em termos metapsicológicos, possibilitaram a realização de uma verdadeira psicanálise com crianças. Explicamos melhor: para a psicanálise freudiana, esse tratamento era um dispositivo voltado para o atendimento de um neurótico que sofria com os efeitos dos conflitos presentes em seu complexo de Édipo. Pensando que esse complexo aconteceria por volta dos 3-5 anos, apenas após essa idade alguém poderia verdadeiramente sofrer ansiedades superegoicas capazes de gerar uma neurose. Lembremos que, para Freud (1923/1996, 1925/1996), o superego é herdeiro do complexo de Édipo. Com Klein, ao reconhecer que uma criança ainda em idade muito precoce já sofria com os efeitos das ansiedades provocadas por um Édipo já em curso desde o seu primeiro ano de vida e com ataques sádicos de seu superego primitivo já atuantes, uma nova realidade psíquica passava a ser reconhecida por essa autora. Dessa maneira, a psicanálise começava a entender que uma criança poderia ter graves efeitos neuróticos – ou até mesmo psicóticos – já em tenra infância.

No texto "Estágios iniciais do conflito edipiano" (Klein, 1928/1996), a autora propõe o termo *fase de feminilidade*. Essa reflexão já vinha acontecendo desde seus primeiros textos, publicados no início da década de 1920, mas é nesse texto mencionado que ela reconhece mais sistematicamente o desejo infantil de possuir os objetos contidos no interior do corpo materno. Isso, então, passou a revelar fantasias originárias de profunda importância para a constituição egoica da criança.

Segundo Klein, tanto meninas quanto meninos passariam por essa fase de intenso desejo de possuir esses objetos parciais, como os bebês, as fezes, o pênis do pai, que estão contidos no interior da mãe. Dessa maneira, o corpo da mãe – e posteriormente o seio – passa a ser o continente originário de todos os protótipos de afetos a serem desenvolvidos depois. Se num primeiro momento essa fase de feminilidade é marcada por agressividade e ataque ao corpo da mãe, posteriormente isso precisará ser superado pelos sentimentos de amor e gratidão, condição incontornável para a capacidade de alteridade e diferenciação eu/não eu, que sustenta a própria integração dos objetos e do ego à criança. Uma vinheta clínica para ilustrar:

> *Ana contava com pouco mais de 3 anos quando chegou para meu atendimento. Era uma situação típica que acontece com crianças no nascimento de irmãos: desde a chegada de Caio, que tinha cerca de dois meses, Ana se tornou uma menina muito agressiva, tendo regredido em muitos comportamentos, com destaque à enurese noturna. Segunda a mãe de Ana, suas "birras" se intensificavam especialmente quando precisava amamentar seu bebê. Ana chegou a pedir para a mãe, em alguns momentos, se ela também poderia voltar a mamar no seio.*
>
> *As primeiras sessões com Ana foram marcadas por muita ansiedade da menina em permanecer comigo na sala de atendimento sem a presença da mãe. Por mais de uma vez, a mãe precisou ser chamada para a sala de atendimento para que a sessão continuasse. Por volta da décima quinta sessão, Ana, que já estava mais segura em permanecer comigo, pede insistentemente para ir à sala de espera ver se a mãe estava lá. Por mais que eu tentasse tranquilizá-la dizendo que sim, isso não a convencia. Pude perceber nitidamente pela brincadeira de cozinhar que ela estava fazendo, que havia surgido*

> *ali uma intensa ansiedade oral. Perguntei-lhe, então, se ela queria ir lá fora para saber se seu irmãozinho estava sendo amamentado. Ela prontamente concordou que sim. Aproveitei essa abertura e lancei uma afirmação interpretativa de que talvez ela não gostasse nada de ver essa cena, pois isso a deixava muito irritada. Ela instantaneamente parou a brincadeira, olhou em meus olhos e suspirou em silêncio. Iniciou outra brincadeira e desistiu de ir para a sala de espera. Alguns minutos depois, aparentemente mais tranquila, ela pôde me confidenciar algo muito importante: "Eu odeio que meu irmão mame na minha mamãe!". A resistência em permanecer comigo no atendimento desapareceu por completo nas sessões que se seguiram.*

O nascimento de Caio parece ter evocado o período de mais agressividade da fase de feminilidade de Ana, o que fazia com que a menininha ficasse muito assustada e irritada com tudo, dificultando muito o momento de puerpério da mãe e a atenção que o recém-nascido precisava receber. Por mais que o pai de Ana tenha se mostrado muito carinhoso e compreensivo, ela não conseguia receber, naquele momento, qualquer afeto amoroso. Seu desejo por tomar de volta e/ou destruir esse interior da mãe marcava toda a sua rivalidade com a figura feminina.

Assim, entendemos que, para Klein, o universo feminino é o elemento fundamental da gênese psíquica e, com isso, ocorre uma inversão da lógica fálica que estaria presente em nossa cultura desde a Antiguidade, tendo o masculino como figura central.

Referências e indicações de leitura

Birman, J. (1999). *Cartografias do feminino*. Civilização Brasileira.

Birman, J. (2001). *Gramáticas do erotismo: a feminilidade e as suas fronteiras de subjetivação em psicanálise*. Civilização Brasileira.

Freud, S. (1923/1996). O ego e o id. In S. Freud, *Edição Standard Brasileira das Obras Psicológicas Completas de Sigmund Freud* (Vol. XIX).

Freud, S. (1925/1996). Algumas consequências psíquicas da diferença anatômica entre os sexos. In S. Freud, *Edição Standard Brasileira das Obras Psicológicas Completas de Sigmund Freud* (Vol. XIX). Imago.

Klein, M. (1928/1996). Estágios iniciais do complexo de edipiano. In M. Klein, *Edição Brasileira das Obras Completas de Melanie Klein* (Vol. I). Imago.

Klein, M. (1932/1997). A psicanálise de crianças. In M. Klein, *Edição Brasileira das Obras Completas de Melanie Klein* (Vol. I). Imago.

Klipan, M. (2022). *Klein e a feminilidade*. iPerfil.

7. A identificação projetiva: o colossal pilar da técnica kleiniana

Cassandra Pereira França

Um dos artigos mais importantes de Melanie Klein, "Notas sobre alguns mecanismos esquizoides", escrito em 1946, apresenta uma descrição detalhada dos processos psíquicos que ocorrem nos três primeiros meses de vida, constituindo um esboço das relações objetais e das angústias do ego arcaico. Mesmo não sendo o tema central do artigo, algumas frases introduzirão um dos pilares da técnica kleiniana: o conceito de identificação projetiva, que aparece então como uma das defesas contra a ansiedade paranoide primitiva. Vejamos a passagem que anuncia esse novo conceito:

> *Os ataques à mãe, em fantasia, seguem duas linhas principais: uma é a do impulso predominantemente oral de sugar até exaurir, morder, escavar e assaltar o corpo da mãe despojando-o de seus conteúdos bons. A outra linha de ataque deriva dos impulsos anais e uretrais e implica a expulsão de substâncias perigosas*

> *(excrementos), do* self[6] *para dentro da mãe. Junto com os excrementos nocivos, expelidos com ódio, partes excindidas do ego são também projetadas na mãe, ou, como prefiro dizer, para dentro da mãe. Esses excrementos e essas partes más do* self *são usadas não apenas para danificar, mas também para controlar e tomar posse do objeto. Na medida em que a mãe passa a conter as partes más do* self, *ela não é sentida como um indivíduo separado, e sim como sendo o* self *mau. Muito do ódio contra partes do* self *é agora dirigido contra a mãe. Isso leva a uma forma particular de identificação que estabelece o protótipo de uma relação de objeto agressiva. Sugiro o termo identificação projetiva para esses processos (Klein, 1946/1996, p. 27).*

Esse esboço conceitual apresentado com o colorido assustador do universo dantesco do bebê kleiniano tem a vantagem de preparar o leitor para um modo de funcionamento mental primitivo, tanto é que Petot (1982) ressaltou que a identificação projetiva é acompanhada de uma regressão a um estado psíquico anterior à aparição do sentimento de unidade do ego, fazendo com que sua ocorrência implique sempre a perda dos limites egoicos e a necessidade de controle total do objeto para evitar o retorno dos conteúdos projetados. Segundo Baranger (1981), o destino dessas invasões fantasísticas à mente do analista e ao *setting* analítico vai depender de vários fatores (o grau de sadismo envolvido, a intensidade da fragmentação e da dispersão seja do ego, seja do objeto, e a possibilidade de recuperar ou não as partes perdidas na identificação projetiva), que podem levar tanto a

---

6 Klein utilizava o conceito de *self* para designar a totalidade da personalidade, que inclui não apenas o ego (parte organizada do *self*), mas também a vida pulsional que Freud chamou de id.

um empobrecimento do ego (o que gerará dependência em relação ao objeto) quanto a um enriquecimento progressivo do sujeito.

Entretanto, com o passar de pouco mais de uma década, Klein reconheceria em outros artigos que, além das formas patológicas que perturbam as fronteiras entre o eu e o outro, há formas mais benignas de identificação projetiva, e que a empatia poderia ser considerada uma delas. Na esteira dessa ampliação conceitual, coube a Bion enfatizar a riqueza de um processo essencial de comunicação de experiências na análise: o que o paciente não pode capturar em palavras, nem conter dentro de si, nem expressar de outro modo será transmitido ao analista pela identificação projetiva, levando-o a experimentar aqueles sentimentos.[7] Diante dessa contingência, espera-se que o analista tenha condições mentais para um processo de metabolização psíquica.

Vejamos um exemplo que ilustra tal situação. Uma paciente com muita dificuldade em expressar qualquer afeto somente narrava, secamente, situações traumáticas e tristes de sua infância. O desamor entre os pais e destes para com os filhos era sempre coroado por cenas abusivas e petrificantes. Tudo era deserto afetivo. Nenhum fio associativo conduzia a um laivo de reminiscência que expressasse vida. Um dia, enquanto descrevia uma dessas cenas mórbidas e gélidas, a analista teve um súbito cochilo e um breve sonho. Foi acordada pela voz brava da paciente, chamando-a pelo nome. Ao invés do esperado constrangimento, a analista apenas narrou o êxtase sentido por ela na cena onírica que a figurabilidade

---

[7] Aliás, esta é a principal diferença em relação ao conceito freudiano de projeção: a identificação projetiva produz efeitos no aparelho psíquico do receptor. Beth Joseph ilustra como "um paciente masoquista, tendo na fantasia inconsciente projetado para dentro do seu analista um aspecto sádico de si próprio ou de um objeto interno, agirá de maneira que, inconscientemente, procure induzir o analista a fazer interpretações ligeiramente sádicas" (citada em Spillius, 1994, p. 77).

do sonho lhe apresentou: uma garota de seus 8 anos de idade corria, alegremente, por uma campina verdejante, com os cabelos ao vento e os braços abertos, como se fosse um avião. A paciente caiu em prantos. A partir de então, com o tempo, pôde recuperar outras lembranças felizes de sua infância, além daquela implantada na mente da analista via identificação projetiva.

No artigo "Ataque aos elos de ligação", Bion (1959/1990) distinguiu duas formas de identificação projetiva. Na "identificação projetiva normal", há uma projeção de conteúdos mentais para dentro do objeto, sem que com isso se perca a discriminação entre realidade interna e externa. Por outro lado, na "identificação projetiva anormal", há uma projeção violenta de um estado mental penoso, para alcançar alívio imediato e controle intimidador. Nessa forma patológica e onipotente de projeção maciça e intrusiva, dá-se uma fusão do *self* com o objeto, fazendo com que se misturem as identidades.

Passados quase oitenta anos que esse conceito começou a ser intuído por Klein, é possível ter uma visão panorâmica de como ele foi sendo valorizado – até mesmo por analistas de outras correntes da psicanálise. Ele mostrou-se um poderoso auxiliar para a compreensão da contratransferência, um avaliador da capacidade de *rêverie* do analista e dos alcances de seu próprio processo de análise e, sobretudo, um excelente instrumento diagnóstico. Neste último quesito, as nuances da identificação projetiva funcionam como uma bússola a nos guiar: quando têm um aspecto mais comunicativo de um estado mental, possivelmente, estamos diante de um paciente com um funcionamento não psicótico, entretanto, se predominarem os aspectos expulsivos, agressivos e onipotentes, costumamos estar diante de um funcionamento psicótico ou *borderline*.

Enfim, o conceito serviu para instaurar na técnica kleiniana o necessário campo de interseção entre as angústias do mundo interno e a potencialidade do ambiente para auxiliar na representação destas no campo simbólico. A grande fertilidade desse conceito, que abarca a dimensão pré-discursiva, é a produção infinita de novos sentidos a cada vez que revisitamos um material clínico.

Referências e indicações de leitura

Baranger, W. (1981). *Posição e objeto na obra de Melanie Klein.* Artes Médicas.

Bion, W. R. (1959/1990). Ataques ao elo de ligação. In E. B. Spillius (Ed.), *Melanie Klein hoje: desenvolvimentos da teoria e da técnica* (Vol. 2). Imago.

França, C. P. (2006). Em nome da mãe: o brado kleiniano. In A. C. Carvalho, & C. P. França (Orgs.), *Estilos do xadrez psicanalítico: a técnica em questão.* Imago.

Klein, M. (1946/1996). Notas sobre alguns mecanismos esquizoides. In M. Klein, *Edição Brasileira das Obras Completas de Melanie Klein* (Vol. III). Imago.

Petot, J. M. (1982). *Melanie Klein II.* Perspectiva.

Spillius, E. B. (1994). Experiências clínicas de identificação projetiva. In R. Anderson, *Conferências clínicas sobre Klein e Bion.* Imago.

HELENE DEUTSCH (1884-1982)

8. Personalidades "como se"

Marco Antonio Coutinho Jorge

O tema das personalidades "como se" (*"as if" personalities*) é de grande interesse clínico e ajuda a elaborar questões complexas relativas ao diagnóstico diferencial em psicanálise.

A denominação *personalidades "como se"* se insere de modo original num conjunto de termos que circunscrevem certos quadros mentais que não podem ser nitidamente definidos pela psicanálise como neuroses ou psicoses:

1. O chamado *borderline* ou fronteiriço, tipo clínico que dá margem à ambiguidade, pois reúne casos clínicos variados em que a definição estrutural se encontra excessivamente opaca;
2. O assim chamado pré-psicótico, que carreia igualmente uma ambiguidade problemática, pois pode designar tanto aquele paciente que é psicótico, mas não desencadeou um surto, quanto aquele que se situa no grupo dos *borderline*, considerado um tipo clínico distinto do neurótico e do psicótico;
3. As psicoses não desencadeadas, nomenclatura introduzida por Jacques Lacan (1955-1956/1988) para designar os pacientes

que, embora psicóticos, nunca manifestaram um surto psicótico. Na tradição psiquiátrica clássica, encontram-se inúmeros termos para designar esses quadros: psicose larvar, psicose incipiente, forma latente de esquizofrenia, esquizofrenia pseudoneurótica, esquizofrenia subclínica, esquizofrenia oculta, pré-esquizofrenia etc.

Em seus artigos sobre técnica, Freud fala da necessidade da pesquisa sobre o diagnóstico diferencial entre neurose e psicose nas entrevistas iniciais de cada paciente. Se, para ele, tal necessidade de diagnóstico diferencial implicava principalmente a contraindicação formal da análise para pacientes psicóticos, hoje ela continua sendo essencial para a manutenção (ou não) de certos parâmetros na direção do tratamento analítico: utilização do divã, escuta silenciosa por parte do analista, interpretação como forma de intervenção analítica primordial etc.

Analisada por Freud, Helene Deutsch foi a primeira psicanalista a propor reflexões que contribuem para o diagnóstico diferencial entre neurose e psicose na ausência de um quadro psicótico franco. O que é mais notável nos escritos de Deutsch sobre o tema é sua especial habilidade em narrar a experiência clínica por meio de observações simples e percucientes. Seus estudos sobre aquilo que denominou personalidade "como se", referenciados por Lacan em vários momentos de seu ensino, tornaram-se uma referência significativa para a psicanálise contemporânea e abriram novas vias de investigação dos estados anteriormente mencionados.

Em 1942, num artigo intitulado "Algumas formas de distúrbio emocional e sua relação com a esquizofrenia", considerado seu mais importante texto sobre o assunto, ela distingue entre os pacientes com distúrbios chamados de despersonalização e os pacientes "como se". Os primeiros se queixam de que estão mudados de forma acentuada no que tange à sua vida emocional, dizem que não sentem nada e que tudo lhes parece irreal. Nisso, se diferenciam bastante dos "como se", os quais não têm qualquer consciência das alterações referentes a seus laços afetivos; são, de fato, as pessoas à sua volta que se queixam de sua vida emocional, ou então apenas na análise isso fica evidenciado.

Deutsch define esses sujeitos como aqueles que dão uma inevitável impressão de que todas as relações deles com a vida contêm algo que estampa uma grande falta de autenticidade, embora não claramente discernível. Mas elas não se importam com isso e seguem adiante "como se" estivesse tudo bem. Ela relata o caso de uma paciente que foi estudar pintura e não só causou no professor essa impressão de que havia algo errado com ela que ele não sabia precisar, como também, mudando posteriormente de professor, adaptou-se inteiramente às novas técnicas deste com impressionante facilidade e rapidez.

Para Deutsch (1942/2007),

> *a primeira impressão que essas pessoas provocam é de completa normalidade. São intelectualmente preservadas, bem-dotadas e compreendem bem os problemas intelectuais e emocionais; contudo, quando perseguem seus frequentes impulsos para o trabalho criativo, elas constroem, na forma, um bom trabalho, mas ele é sempre uma espasmódica repetição, embora hábil, de um protótipo sem o menor traço de originalidade. Numa observação mais próxima, o mesmo acontece nas suas relações afetivas com o ambiente. Essas relações são, em geral, intensas e beiram todos os sinais de amizade, amor, simpatia e compreensão; mas mesmo o leigo percebe logo alguma coisa estranha e levanta a questão que não pode responder. Para o analista fica logo claro que*

> *todas essas relações são destituídas de qualquer traço de calor, todas as expressões de emoção são formais e toda a experiência interna é completamente excluída (pp. 155-156).*

Deutsch estabelece uma diferença entre os pacientes "como se" e os neuróticos, os quais podem apresentar uma frieza aparente, que, todavia, esconde uma vida emocional altamente diferenciada e intensa, escondida atrás de um muro. No "como se", diz ela, não há um ato de recalque, mas uma perda real de investimento objetal. O ponto central reside no fato de que nos pacientes "como se" a relação aparentemente normal com o mundo corresponde à capacidade imitativa da criança e é a expressão da identificação com o ambiente, aliada à adoção de uma atitude notavelmente passiva em relação a ele.

Tal identificação é inteiramente lábil e, como se depreende da teoria lacaniana, tudo se passa como se a identificação se desse no registro puramente imaginário, sem qualquer ancoramento no registro simbólico. A mesma alteração observada na vida afetiva do "como se" pode ser vista no que diz respeito a seu caráter, destituído de princípios morais e fortemente orientado pelos reflexos das pessoas sobre ele. Segundo Deutsch, tais personalidades se ligam facilmente a grupos sociais e aderem a eles por meio da identificação, passando muitas vezes da pertença de um grupo a outra, frequentemente contraditória com a primeira.

Além disso, além da capacidade de identificação, a sugestionabilidade é uma das principais características dos "como se", o que exige que se os distinga dos histéricos. Os sujeitos histéricos são facilmente sugestionáveis a partir de algum investimento objetal. Nos pacientes "como se", a aptidão para a sugestão decorre da passividade e de uma identificação do tipo autômato. A conduta robotizada imprime com frequência um aspecto estranho, até mesmo bizarro, nesses pacientes. Deutsch salienta que a labilidade da identificação chega ao ponto de poder fazer com que o sujeito se envolva em atividades associais e até mesmo criminosas por meio dessa mudança nas identificações. Deutsch sublinha dois traços importantes e relacionados entre si: a identificação persistente e a submissão passiva, que se traduzem por uma completa adaptação do paciente ao ambiente em geral.

A compreensão teórica de Deutsch sobre os "como se" fala nitidamente a favor da psicose: o fracasso edípico tem como consequência uma deficiência na formação do supereu e dá margem a uma persistente identificação com os objetos externos, uma vez que os objetos edípicos não foram propriamente internalizados. Baseada na tripartição teórica por ele criada entre real, simbólico e imaginário, a compreensão que Lacan fornece sobre os "como se" diz respeito à capacidade destes sujeitos – cuja estrutura é psicótica, na qual ocorre a foraclusão no simbólico do significante Nome-do-Pai – de se estabilizar pelo imaginário. Vê-se que o tratamento no sentido da estabilização das psicoses encontra aí também uma fecunda e inédita orientação.

Referências e indicações de leitura

Deutsch, H. (1942/2007). Quelques formes de troubles affectifs et leur relation à la schizophrénie. In H. Deutsch, *Les "comme si" et autres textes (1933-1970)*. Seuil.

Lacan, J. (1955-1956/1988). *O seminário, livro 3: as psicoses*. Zahar.

DONALD WOODS WINNICOTT
(1896-1971)

9. O manejo na clínica de pacientes-limite

Camila Junqueira

O conceito de manejo foi introduzido na psicanálise a partir da ampliação realizada na clínica para a inclusão de pacientes que haviam sido considerados inanalisáveis até então, como pacientes *borderline*, narcísicos e psicóticos. Sua origem se dá no contexto da criação por Winnicott de uma "técnica modificada" para o tratamento de pacientes que tiveram seu amadurecimento emocional paralisado em virtude de falhas ambientais precoces e que não chegaram a alcançar uma organização neurótica.

Winnicott (1954/2000) divide os pacientes em três categorias distintas a partir do momento em que o desenvolvimento emocional foi interrompido, relacionando cada uma destas categorias com uma derivação da técnica psicanalítica e inserindo o conceito de manejo como uma necessidade de ampliação da técnica clássica baseada na interpretação dos conteúdos recalcados. Para Winnicott, há (1) pacientes que funcionam em termos de pessoas inteiras, cujas dificuldades têm relação com problemas interpessoais e para os quais a psicanálise clássica se aplica, podendo ser denominados neuróticos. Há também (2) pacientes com personalidades que recém-começaram a se integrar, cujas dificuldades têm relação com a elaboração da posição depressiva e para os quais a análise clássica também se aplica, no entanto, surgem problemas de manejo, e o elemento mais importante é a sobrevivência do analista. Com frequência esses pacientes apresentam sintomas relacionados à tendência antissocial como forma de reclamar a atenção do ambiente às suas necessidades. Há, por fim, (3) pacientes cuja personalidade não está integrada e que nos remetem ao cuidado dos estágios mais iniciais do desenvolvimento emocional. Para esses pacientes, que podem ser denominados psicóticos e *borderline*, o trabalho do analista deve recair sobre o manejo, sendo às vezes a análise dos conflitos inconscientes deixada de lado para que o manejo ocupe a totalidade do espaço.

O manejo tem relação com o comportamento do analista, e não apenas com suas falas. O analista por vezes estabelece um enquadre sob medida, adaptado às necessidades do paciente em questão. O objetivo do manejo é a instauração de um momento de regressão analítica que viabilize a retomada do desenvolvimento emocional a partir do ponto em que foi interrompido por falhas precoces do ambiente.

O manejo realizado pelo analista tem como inspiração o manejo realizado pela mãe suficientemente boa, que se adapta ao ritmo do desenvolvimento emocional de seu bebê. Winnicott (1955-1956/2000) ressalta que a qualidade do manejo da mãe depende da identificação dela com o seu bebê. Depende, portanto da "preocupação materna primária", que implica a mãe estar amplamente disponível para o cuidado desse bebê nos momentos iniciais. A adaptação da mãe ao seu bebê propicia o que Winnicott denomina experiência de ilusão de onipotência. Nessa, o ambiente é descoberto sem a perda da sensação de ser. O bebê acredita estar criando o mundo que encontra, pois, a mãe sustenta o paradoxo achado/criado. Porém, quando o ambiente falha ou realiza uma intrusão, a sensação de ser é perdida e o indivíduo é levado a reagir (Winnicott, 1949/2000). A volta ao estado de isolamento tende a restaurar a sensação de ser, mas a realidade não é incluída e isso causa, como consequência, uma cisão entre verdadeiro e falso *self*: um retraimento do verdadeiro *self* e uma predominância do falso *self* (Winnicott, 1960/1983).

O manejo do analista tem por objetivo, a partir de uma profunda identificação com o paciente, transformar esse retraimento do verdadeiro *self* em regressão à dependência. Winnicott (1954/2000) entende a regressão no contexto analítico como uma oportunidade de retomada do desenvolvimento emocional.

Winnicott deixa clara a ineficácia da interpretação clássica nesses casos e procura descrever como a regressão promovida pelo manejo adequado dos casos pode realizar uma modificação no quadro do paciente. Nas suas palavras:

> *No decurso desse tipo de experiência, há uma quantidade suficiente de fusão com o analista (mãe) para permitir ao paciente viver e relacionar-se sem necessidade de mecanismos identificatórios projetivos e introjetivos. Depois vem o penoso processo pelo qual o objeto é separado do sujeito e o analista se separa, sendo colocado fora do controle onipotente do paciente. A sobrevivência do analista à destrutividade que é própria dessa mudança, e a ela se segue, permite que aconteça algo de novo, que é o uso, pelo paciente, do analista, e o início de um novo relacionamento baseado em identificações cruzadas (Winnicott, 1971/1975, pp. 185-186).*

Um exemplo de manejo do *setting* pode ser encontrado no relato do tratamento de Piggle, a menina que foi atendida por Winnicott

(1977/1987) dos 3 aos 5 anos. Embora não se trate de uma paciente *borderline*, há uma passagem que ilustra o manejo. Depois de bagunçar a sala, expressando a sua bagunça interior, Winnicott permite que Piggle vá embora deixando as coisas para que ele as arrume. Ele não interpreta as angústias de Piggle que dizem respeito à raiva e à "bagunça interior" que a chegada da irmã mais nova provocou em sua vida, mas maneja o *setting* ficando com a bagunça, de forma a comunicar, em ato, que pode suportar a confusão em que Piggle se encontra, independentemente de sua origem. Garante a ela, assim, que haverá um adulto que a ajudará a dar significado (colocar ordem) a suas aflições.

Outros exemplos de manejo podem ser encontrados no relato de Margaret Little (1992), paciente atendida por Winnicott, seja no início do tratamento, quando ele segura sua cabeça por sessões a fio, até que ela sinta que pode começar a falar, seja quando sobrevive a seus ataques. Numa sessão, depois de um longo momento de paralisia, Margaret se levanta e anda pela sala, pensa em se atirar pela janela, pensa em atirar os livros no chão e, por fim, quebra um vaso de lilases brancos. Na sessão seguinte, Winnicott diz a Margaret que ela quebrou algo que era muito importante para ele, mas repõe um vaso idêntico. Winnicott não se esquiva de dizer o que sente, mas não elabora uma interpretação. E, ao repor o vaso, *mostra* que pode sobreviver aos ataques, ainda que não goste deles nem um pouco. Demonstra que ele, como objeto externo, está separado do objeto da fantasia ao qual a paciente havia atacado.

O manejo é o conjunto de comportamentos do analista produzidos a partir de uma elaboração, por vezes inconsciente, das questões do paciente, que permite sustentar a ilusão de onipotência do paciente pelo tempo necessário para que a regressão se instale e o desenvolvimento emocional possa ser retomado de onde foi interrompido, permitindo o aparecimento do verdadeiro *self*, outrora retraído.

Referências e indicações de leitura

Little, M. (1992). *Ansiedades psicóticas e prevenção: registro pessoal de uma análise com Winnicott*. Imago.

Winnicott, D. W. (1949/2000). A mente e sua relação com o psicossoma. In D. W. Winnicott, *Da pediatria à psicanálise: obras escolhidas*. Imago.

Winnicott, D. W. (1954/2000). Aspectos clínicos e metapsicológicos da regressão no contexto analítico. In D. W. Winnicott, *Da pediatria à psicanálise: obras escolhidas*. Imago.

Winnicott, D. W. (1955-1956/2000). Formas clínicas da transferência. In D. W. Winnicott, *Da pediatria à psicanálise: obras escolhidas*. Imago.

Winnicott, D. W. (1960/1983). Distorção do ego em termos de falso e verdadeiro self. In D. W. Winnicott, *O ambiente e os processos de maturação: estudos sobre a teoria do desenvolvimento emocional*. Artmed.

Winnicott, D. W. (1971/1975). *O brincar e a realidade*. Imago.

Winnicott, D. W. (1977/1987). *The Piggle: relato de tratamento psicanalítico de uma menina*. Imago.

10. O ódio objetivo e o seu uso clínico

Douglas Rodrigo Pereira

"O ódio na contratransferência" (Winnicott, 1947/2021) é um artigo clássico sobre a clínica com pacientes psicóticos. Dentre as várias contribuições de Winnicott encontradas no citado texto, apresentamos o conceito de ódio objetivo (*objective hate*) e a sua utilidade na prática analítica.

Para o analista inglês, o trabalho com pacientes psicóticos, inerentemente, é mais irritante do que aquele que realizamos com casos predominantemente neuróticos, pois ao analisarmos "os insanos" (Winnicott, 1947/2021, p. 357) somos sobrecarregados com uma imensa carga emocional. Por mais que possamos amá-los, é inevitável que tenhamos ódio e medo desses pacientes. Quanto mais reconhecermos esses sentimentos, mais teremos condições de trabalhar analiticamente com esse sentimento.

Winnicott faz uma distinção entre diferentes facetas da contratransferência: (1) aquela oriunda dos sentimentos e das identificações reprimidos; (2) a que refere às identificações positivas da experiência pessoal e singular do analista; e (3) a *contratransferência verdadeiramente objetiva* (*truly objective countertransference*) em *relação à pessoa real do paciente*. Trata-se de uma gama de sentimentos relacionados ao modo real e atual de o paciente viver a análise. *O ódio objetivo é uma expressão dessa contratransferência objetiva.*

No caso de pacientes psicóticos, é exigido do analista uma presença psicossomática que o aproxima da "mãe de um bebê recém-nascido ou ainda não nascido" (Winnicott, 1947/2021, p. 363). Inevitavelmente, o analista odiará o seu paciente. Esse sentimento é legítimo e precisa ser reconhecido. Por que o analista odeia o paciente? Porque esse último, imerso num estado de dependência absoluta no qual não tem a capacidade de reconhecer a existência do analista como pessoa total (objeto objetivamente percebido), demanda um cuidado excessivo que perturba e irrita. Num caso de neurose, o analista é experimentado pelo paciente *como se* fosse um de seus objetos primários; na psicose, por sua vez, essa qualidade "como se" perde a validade, e o analista se torna o ambiente primário do paciente, ou seja, o ambiente humano que o sustenta no tempo e no espaço, com todas as responsabilidades que isso implica. Dessa forma, incide sobre nós a intensidade dos sentimentos que surgem em decorrência do impulso amoroso primitivo do paciente, que no seu estado regredido não tem condições de considerar a existência do analista como um não eu, tampouco reconhecer os efeitos de seu amor incompadecido (*ruthless*) (Winnicott, 1990). O paciente está longe dos fenômenos relativos à alteridade.

Assim como um bebê morde e fere o seio materno, mas assim o faz movido pelo seu impulso amoroso primitivo, sem qualquer intenção de machucar a mãe, o mesmo ocorre com o paciente psicótico nos momentos de dependência absoluta. A mãe/analista, afirma Winnicott (1947/2021), odeia o paciente antes que este último possa vir a ter a capacidade de odiar. O ódio, considerado dessa forma, só pode ser vivido após a conquista da capacidade de ter contato com objetos totais. Antes de existir uma diferenciação entre eu e não eu não se pode experimentar o ódio como um sentimento integrado no *self*. Odiar, portanto, pressupõe a capacidade de usar os objetos (reconhecimento da alteridade, da existência de pessoas totais e de um mundo objetivo que não é fruto da criação subjetiva).[8] Tal capacidade inexiste no paciente psicótico regredido, mas, assim se espera, está à disposição do analista.

A mãe suficientemente boa tolera o seu ódio contra o bebê, e assim o faz sem expressá-lo. É no decorrer do desenvolvimento rumo à dependência relativa e à desilusão que a criança, aos poucos, poderá conquistar a capacidade odiar. É nesse sentido que Winnicott (1947/2021) afirma: o bebê "precisa de ódio para poder odiar. Se isto é verdade, não podemos esperar que um paciente psicótico em análise consiga tolerar o seu ódio pelo analista a não ser que o analista possa odiá-lo" (p. 287).

Na análise de pacientes psicóticos, ao percebermos que o paciente está em condições de se identificar com o analista, é preciso que comuniquemos a maneira como suportamos o seu "modo bruto de amar" (Winnicott, 1947/2021, p. 370) e experimentemos o ódio objetivo em relação a ele. Essa comunicação é fundamental, pois favorece que o paciente venha a sair de seu estado de total dependência e possa reconhecer o que ele deve à sua mãe/analista. Esse tipo de intervenção tem o objetivo de facilitar que o paciente alcance um estado mais integrado de *self*, num movimento que lhe indica o caminho para alcançar a conquista da alteridade e do concernimento (reconhecimento e preocupação com os efeitos de seus impulsos instintivos eróticos e agressivos).

---

8 *Grosso modo*, Winnicott (1990) faz uma distinção entre agressividade (expressão da motilidade, da existência psicossomática movida pelo impulso amoroso primitivo), destrutividade (fenômeno pelo qual se alcança a capacidade de reconhecer a existência do mundo objetivamente percebido) e ódio (afeto sofisticado que pressupõe a conquista do reconhecimento do eu e do não eu).

Por longos meses, um paciente psicótico entrou numa grave crise de natureza delirante. Num estado confusional, ouvia vozes, temia que o seu corpo fosse afetado pelos processos naturais de ingestão e excreção. Nesse momento crítico de regressão à dependência, as sessões passaram a ser diárias e as necessidades do paciente exauriam o analista.

A cada semana que se passava, o analista sentia-se confuso e irritado. Se por um lado colocava-se à disposição para ajudar o paciente a viver esse momento de crise, por outro, reconhecia o quanto este trabalho era fonte de raiva e culpa. O conceito de ódio objetivo lhe ajudou a compreender a legitimidade de seu ódio e possibilitou que guardasse esse sentimento para ser utilizado no momento adequado.

Aproximadamente seis meses após o término da crise, o paciente pôde reconhecer o quanto exigiu do analista naquele momento de dependência absoluta. Ao escutá-lo questionando o quanto as pessoas gostavam dele, o analista fez uma intervenção no sentido de sublinhar o ódio objetivo na contratransferência. Comunicou-lhe o quanto de ódio ele teve de suportar dentro de si para se adequar às necessidades do paciente no momento em que este último não tinha a mínima condição de reconhecer o seu estado de dependência e a existência do analista como pessoa separada. Contundentemente, o analista disse: "Dinheiro algum pagaria isso que nós vivemos juntos aqui. Você ainda pensa que não gosto de você? Como assim?". Respondeu-lhe o paciente: "Verdade, não foi fácil tudo isso que passamos juntos aqui. Talvez você goste mesmo de mim".

Referências e indicações de leitura

Winnicott, D. W. (1947/2021). O ódio na contratransferência. In D. W. Winnicott, *Da pediatria à psicanálise* (pp. 356-370). Ubu.

Winnicott, D. W. (1960/1983). Contratransferência. In D. W. Winnicott, *O ambiente e os processos de maturação: estudos sobre a teoria do desenvolvimento emocional* (pp. 141-151). Artmed.

Winnicott, D. W. (1969/1975). O uso de um objeto e relacionamento através de identificações. In D. W. Winnicott, *O brincar e a realidade* (pp. 121-131). Imago.

Winnicott, D. W. (1990). *Natureza humana*. Imago.

11. Corpo e psiquismo: a noção de elaboração imaginativa

Marcia Regina Bozon de Campos

A noção de *elaboração imaginativa* foi proposta por Winnicott para descrever o fenômeno pelo qual o bebê inaugura uma série de experiências vividas a partir da sua corporeidade, incluindo o próprio funcionamento corpóreo e as diversas sensações decorrentes do conjunto de relacionamentos com o ambiente.

Na vida inicial do bebê, a elaboração imaginativa das funções corporais corresponde a um movimento que visa à integração, permitindo que este vivencie os estados excitados e os movimentos corporais na relação com o mundo e com os objetos nele encontrados. Constitui uma atividade psíquica rudimentar a partir da qual a criança torna-se capaz de ir, pouco a pouco, construindo seu esquema corporal, com seus aspectos temporal e espacial, bem como obtém a possibilidade de se dar conta de seus sentimentos. Trata-se, portanto, de uma ação primordial, pois será a partir dela que a criança experimentará a sensação de estar viva.

Em Winnicott, a noção de elaboração imaginativa está associada ao conceito de fantasia, constituindo um recurso fundamental da natureza humana para dar sentido ao que é vivido e estabelecer a confiança em si necessária para a existência psicossomática, como podemos constatar no texto "Pediatria e neurose na infância", no qual o autor afirma que a "fantasia é a elaboração imaginativa da função física" (Winnicott, 1956/1975, p. 316).

Também está relacionada ao sonho e às atividades criativas, das quais fazem parte o brincar, o imaginar e o devanear, atividades que dependem da capacidade de transitar entre o presente, o passado e o futuro, fornecendo subsídio para a memória e para a antecipação das experiências. Será a partir da elaboração imaginativa das funções corporais que terá início a construção de um mundo interno, acompanhada pelo sentimento de responsabilidade pelo que ocorre dentro desse mundo, bem como a possibilidade de discernir entre a fantasia localizada dentro e fora de si, permitindo o constante intercâmbio e enriquecimento entre ambas. Trata-se, portanto, de um conceito fundamental para a compreensão da formação do psiquismo e da constituição do indivíduo, compreendida pelo autor como eminentemente psicossomática, envolvendo tanto o corpo quanto a psique.

Outro aspecto relevante diz respeito às implicações no campo da psicopatologia, pois, a partir da premissa da importância da elaboração imaginativa das funções para o processo de integração, Winnicott postula que os distúrbios no desenvolvimento são decorrentes de perturbações provenientes do ambiente, que, ao pecar pela falta (ausência) ou pelo excesso (intrusão), impedirá sua realização. Este impedimento implicará uma reação defensiva por parte do bebê, que, por sua vez, será responsável pelo surgimento de uma organização de tipo psicótica. Nessa perspectiva, o autor introduz uma nova compreensão das organizações psicóticas a partir da premissa de que nestas existe uma dissociação de base, o que não necessariamente implica uma cisão com a realidade. A partir disso serão introduzidas novas categorias no campo da psicopatologia, como o falso *self* e a tendência antissocial, além de uma compreensão particular dos transtornos psicossomáticos.

A "teoria do desenvolvimento emocional primitivo", desenvolvida por Donald Winnicott, nos permite acompanhar seu pensamento, oferecendo um contorno para a interpretação e a análise dos momentos em que o autor se refere direta ou indiretamente à noção de elaboração imaginativa.

Para a compreender a teoria do desenvolvimento emocional primitivo, é importante destacar que esta foi concebida como uma teoria do desenvolvimento saudável, na qual o neonato, partindo de um estado não integrado e de completo desamparo, trilhará o caminho em direção à conquista do "*status* unitário", representado pela integração psicossomática e pela diferenciação entre mundo interno e realidade compartilhada. Nessa perspectiva, a saúde dependerá de um desenvolvimento emocional satisfatório, no qual o bebê, em seu estado de desamparo, dependerá da sustentação ambiental satisfatória para atingir o amadurecimento, tendo como centro a integração psicossomática.

Segundo Winnicott, nos primórdios, a psique equivale à elaboração imaginativa dos elementos, dos sentimentos e das funções somáticas, constituindo-se como uma atividade relacionada aos acontecimentos provenientes da própria vitalidade física, que será responsável por inaugurar o psiquismo.

> *Tentemos pois, pensar o desenvolvimento do indivíduo começando no início. Eis um corpo. A psique e o soma não podem ser distinguidos, a não ser pela forma como os vemos. Podemos nos voltar para o corpo ou para a psique que se desenvolve. Considero que aqui a palavra psique signifique a elaboração imaginativa dos*

> *elementos, sentimentos e funções somáticas, ou seja, a atividade física (Winnicott, 1949/2000, p. 333).*
>
> *A partir do material da elaboração imaginativa do funcionamento corporal (o qual, por sua vez, depende da capacidade e do funcionamento saudável de um órgão, o cérebro) a psique é urdida (Winnicott, 1990, p. 52).*

Embora deixe claro que a elaboração imaginativa, compreendida como psique, não esteja localizada em nenhuma parte do corpo, Winnicott alerta que, por se relacionar diretamente com o funcionamento corporal, podem ocorrer experiências nas quais a pessoa tenha uma sensação bastante vívida de localização, como nos mostra a seguinte vinheta clínica:

> *Nesse momento de não saber apareceu na análise a memória de um pássaro que ficava inteiramente parado, a não ser por uns movimentos da barriga que indicavam a respiração. Por outras palavras a paciente alcançou, aos 47 anos, aquele estado no qual o funcionamento fisiológico em geral constitui o viver. A elaboração psicológica deste funcionamento fisiológico é muito diferente do trabalho intelectual que com frequência torna-se artificialmente uma entidade em si mesma e se oferece falsamente como um lugar onde a psique pode residir. . . . Agora ela tinha, pela primeira vez, a possibilidade de ter uma psique, uma entidade toda sua, um corpo que respirava e ao qual vinha acrescentar-se um início de fantasia relacionada com a respiração e com outras funções fisiológicas (Winnicott, 1949/2000, p. 341).*

Por meio desse relato, compreendemos que a percepção sensorial que a paciente teve da própria respiração, acompanhada das fantasias relacionadas a essa experiência, constituiu a elaboração imaginativa da sensação de estar viva, resultando num movimento de integração psicossomática. Compreendemos também que, a partir da inclusão do campo sensorial no encontro analítico, o fenômeno transferencial ganha novos contornos, demandando do analista a capacidade de elaborar imaginativamente suas próprias sensações corporais advindas, em parte, do acesso ao material fornecido pelo paciente regredido. Esse caminho trilhado a dois, para além da capacidade de representar e de simbolizar, representa um manejo fundamental não apenas na condução das análises de pacientes psicóticos, mas também de pacientes *borderline*, com desordens psicossomáticas, ou com dissociações entre verdadeiro e falso *selves*, todos muito frequentes na clínica contemporânea.

Referências e indicações de leitura

Winnicott, D. W. (1945/2000). Desenvolvimento emocional primitivo. In D. W. Winnicott, *Da pediatria à psicanálise: obras escolhidas*. Imago.

Winnicott, D. W. (1956/1975). Pediatria e neurose na infância. In D. W. Winnicott, *Da pediatria à psicanálise: obras escolhidas*. Imago.

Winnicott, D. W. (1990). *Natureza humana*. Imago.

Winnicott, D. W. (1949/2000). A mente e sua relação com o psicossoma. In D. W. Winnicott, *Da pediatria à psicanálise: obras escolhidas*. Imago.

12. O brincar: pensando a clínica a partir de Winnicott

Milena da Rosa Silva

> *A psicoterapia ocorre na intersecção entre duas áreas do brincar: a do paciente e a do terapeuta. Tem a ver com duas pessoas brincando juntas. O corolário disso é que, quando essa brincadeira não é possível, o trabalho do terapeuta consiste em retirar o paciente de um estado marcado pela incapacidade de brincar e trazê-lo para um estado em que consegue fazê-lo.*
>
> Winnicott (1971/2019a, p. 69)

A citação escolhida para servir de epígrafe a este capítulo destaca a importância do brincar na clínica winnicottiana. O brincar, em verdade, é um elemento central na psicanálise de Winnicott, como aponta outra famosa citação: "a psicanálise foi desenvolvida como uma forma altamente especializada de brincar" (Winnicott, 1971/2019a, p. 74). Isso porque, para esse autor, o brincar ganha uma dimensão que vai além de uma ferramenta técnica para o trabalho com as crianças. Ele passa a ser a própria caracterização do que é o tratamento psicanalítico, bem como enlaça os principais elementos de seu sistema teórico.

O brincar não foi inventado pela psicanálise. Todo mundo brinca – ou ao menos deveria brincar! E nem mesmo trazer o brincar para a psicanálise foi mérito de Winnicott, já que o uso do brincar como técnica foi uma proposição das primeiras psicanalistas que trabalharam com crianças, notadamente Hermine von Hug-Hellmuth e Melanie Klein. Então, o que Winnicott poderia ter trazido de novidade em relação ao brincar?

Diferentemente de Melanie Klein, ele concebia o brincar não como uma técnica, ou seja, como um meio para o trabalho clínico com crianças, mas como um fim. Enquanto para Klein brincar era uma maneira de a criança expressar, no tratamento, o seu mundo interno, para Winnicott o brincar tinha um fim em si mesmo, de modo que, como referido na citação da epígrafe, muitas vezes o objetivo do tratamento seria conseguir brincar. Como aponta Fulgencio (2008), ao substantivar o verbo brincar, Winnicott o qualifica como um conceito.

O brincar se refere ao viver criativo, que é vivido/produzido como fruto do gesto espontâneo: "É no brincar, e talvez apenas no brincar, que a criança ou o adulto têm liberdade para ser criativos" (Winnicott, 1971/2019b, p. 91). Ele é produzido na área intermediária da experiência, propiciada pela experiência de ilusão. Tal experiência, ou momento de ilusão, é um momento de sobreposição psicológica da mãe (ou quem se ocupa dessa função) e do bebê, no qual mãe e bebê se encontram em um lugar comum e "vivem juntos uma experiência" (Winnicott, 1945/2000, p. 227). Como destaca Ab'Sáber (2021), Winnicott, em sua aparente simplicidade, descreve algo extremamente complexo: "Eles *vivem* algo, e *vivem* juntos" (p. 70).

Mas essa experiência só ocorre se a mãe ativamente (embora naturalmente) se sobrepõe como objeto que pode ser experimentado pelo bebê como criação dele. Esse momento de ilusão mais tarde é ampliado como uma zona de ilusão entre o bebê e a mãe, e depois configura-se como o espaço transicional. “Para mim, é fundamental destacar que o brincar é uma experiência, uma experiência sempre criativa, uma experiência no continuum espaço-tempo, uma forma básica de viver” (Winnicott, 1971/2019a, p. 88). Assim, o brincar aponta para a mais básica necessidade humana, de acordo com Winnicott, que é a necessidade de ser e continuar sendo.

Então, para além de preocupar-se com o conteúdo da brincadeira, Winnicott indicava que o psicanalista deveria observar a criança que brinca e investir no brincar em si mesmo. Para que um brincar se constitua em um tratamento – e assim se estabeleça uma psicanálise de fato –, é fundamental o estabelecimento de uma relação de confiança. “O brincar, na realidade, se baseia no interjogo entre a realidade psíquica pessoal e a experiência de controle de objetos reais. Essa é a precariedade da própria magia, a magia advinda da intimidade, de um relacionamento que mostra ser confiável” (Winnicott, 1971/2019a, p. 83).

Tiago, um menino de 2 anos, chegou desconfiado. Não me conhecia, nem ao espaço de atendimento, e, como relatou a mãe, não gostava de lugares diferentes, pessoas diferentes, coisas diferentes. Enfileirava carrinhos, cantava sem intervalos a música do Clube do Mickey (seu programa de TV favorito) e, por mais que eu tentasse construir a partir disso um brincar, me sentia também incapaz, presa na angústia que também absorvia sua mãe (*estaremos aqui na via de um autismo?*). Após alguns encontros, um pouco mais confiante no acolhimento oferecido por mim, a mãe de Tiago compartilha seus temores de ter “causado” as dificuldades do filho. Eu lhe asseguro de que ela não tinha qualquer culpa, que era uma mãe dedicada e amorosa, e que nosso espaço de tratamento poderia ajudá-la a ter forças para seguir enfrentando as dificuldades de seu filho, o que ela vinha fazendo da melhor forma possível. Busquei transmitir-lhe isso, no que eu genuinamente acreditava, através de palavras, olhares e gestos. Ela demonstra claramente o seu alívio, em um suspiro longo, observado por Tiago, que pareceu apreciar o gesto da mãe. Em seguida, Tiago recita um trecho de um desenho animado de que ele gostava muito, o da Peppa Pig. Ao ouvi-lo, eu sorri feliz, com o prazer verdadeiro de ter reconhecido ali um desenho que eu também gostava de assistir com meu filho. Naquele momento, eu consegui disponibilizar a minha área do brincar, e Tiago sobrepôs a sua, de modo que engatamos uma brincadeira a partir da família Pig. Vivemos ali, juntos, uma experiência, no encontro entre o que eu ofereci – minha alegria, que reunia e integrava em mim minhas lembranças, minhas apostas e temores – e o que ele criou. Rimos os três, a mãe de fora da brincadeira, mas podendo observar ali um verdadeiro brincar. A partir deste, alguns brincares foram podendo ser construídos por nós três.

É fundamental destacar que o brincar são se restringe ao tratamento das crianças. "Suponho que devemos encontrar a brincadeira de modo tão evidente na análise de adultos assim como em nosso trabalho com crianças. Ela se manifesta, por exemplo, na escolha das palavras, no tom da voz e, é claro, no senso de humor" (Winnicott, 1971/2019a, p. 72). O brincar do adulto, assim como o da criança, se encontra na área intermediária da experiência, onde mundo subjetivo e realidade compartilhada se sobrepõem, espaço que pode ser habitado por arte, religião, trabalho (quando criativo), dentre outras atividades, como a psicanálise. Para que ele se produza no tratamento, é necessária, como destacado por Fulgencio (2008), uma presença efetiva que proporcione contato e intimidade, uma experiência compartilhada. E, assim, o brincar como modelo para a prática clínica pode promover o encontro com o si mesmo.

Referências e indicações de leitura

Ab'Sáber, T. (2021). *Winnicott: experiência e paradoxo*. Ubu.

Fulgencio, L. (2008). O brincar como modelo do método de tratamento psicanalítico. *Revista Brasileira de Psicanálise, 42*(1), 124-136.

Winnicott, D. W. (1945/2000). Desenvolvimento emocional primitivo. In D. W. Winnicott, *Da pediatria à psicanálise: obras escolhidas* (pp. 218-232). Imago.

Winnicott, D. W. (1971/2019a). O brincar: proposição teórica. In D. W. Winnicott, *O brincar e a realidade* (pp. 69-90). Ubu.

Winnicott, D. W. (1971/2019b). O brincar: atividade criativa e a busca do self. In D. W. Winnicott, *O brincar e a realidade* (pp. 91-107). Ubu.

13. Trauma, (des)confiança e (des)esperança

Miriam Tachibana

Diferentemente de Freud, que discorreu sobre a experiência traumática numa lógica intrapsíquica, Winnicott enfatizou a dimensão relacional do trauma, descrevendo-o à luz de falhas ambientais. Contudo, alertava para a necessidade de contextualizarmos as falhas ambientais em relação à etapa do amadurecimento emocional em que o indivíduo se encontra, posto que uma falha ambiental vivida por alguém que não se encontra em dependência absoluta do ambiente pode ser sentida como uma ferida, e não forçosamente como um trauma. Assim, para Winnicott, o conceito de trauma remetia à noção de ambiente, mas também à dimensão temporal, compreendida em termos do desenvolvimento emocional do indivíduo (Dias, 2006).

Justamente por conta dessa acepção tão peculiar de trauma, o psicanalista inglês acabou não circunscrevendo o trauma às falhas ambientais grosseiras associadas à violência explícita, como comumente ocorre. De modo original, ele discorreu especialmente sobre um tipo de falha ambiental sutil e silenciosa, referente ao que não aconteceu nos primórdios da vida e que poderia ser brutalmente experienciado como um trauma (Lejarraga, 2008). Isso porque Winnicott (1949/1993) compreendia que o bebê é tão incipiente que, inicialmente, precisaria experienciar a ilusão onipotente de ter criado o mundo, estando inserido num ambiente que se apresenta a ele no exato momento em que ele o demanda e que, com isso, propicia que ele alucine uma criação, em detrimento de um encontro. Seria por meio da regularidade desse cuidado que o mundo se tornaria previsível ao bebê, despertando nele um senso de segurança, de confiabilidade. Assim, em seus textos, Winnicott focalizou sobretudo a experiência traumática do bebê que, ao vivenciar falhas ambientais, seria furtado de um senso de estabilidade do mundo, vindo a desenvolver uma desconfiança básica como defesa decorrente da necessidade de proteção (Dias, 2006).

Evidentemente, Winnicott (1965/1994) compreendia que mesmo indivíduos que tiveram um bom começo poderiam, em qualquer idade, passar por uma situação tal de intrusão que prejudicasse a pureza da experiência individual. Ao final, independentemente da maturidade psíquica do indivíduo, o trauma equivaleria àquilo contra o qual ele não possui uma defesa organizada, de modo que sobrevém um estado de confusão, seguido de uma reorganização de defesas de tipo mais primitivo do que as que antes se faziam necessárias (Winnicott, 1969/1994).

Podemos pensar que um exemplo de experiência traumática vivida na fase adulta, em detrimento daquelas vividas na primeira infância e mais discutidas na obra winnicottiana, seria a violência sexual. Embora, evidentemente, nem todo estupro se configure como uma experiência traumática vivida de maneira similar por toda e qualquer vítima, observo, a partir do ambulatório especializado em vítimas de agressão sexual ao qual estou vinculada, que, não raro, as mulheres se mostram no campo do traumático. Após terem sido duramente golpeadas pelo ambiente (seja pelo estupro propriamente dito, seja por uma cultura que parece ser tolerante ao estupro), algumas assumem uma postura de desconfiança em relação ao mundo, por vezes adotando um movimento de hipervigilância que se configura justamente em um dos principais sintomas do transtorno de estresse pós-traumático nos manuais psiquiátricos (Alford, 2012).

Por conta disso o trabalho com tais mulheres mostra-se desafiador, com muitas delas só buscando ajuda no referido ambulatório em casos extremos, como quando necessitam de suporte profissional para a interrupção legal da gestação fruto do estupro. Seria possível nos questionarmos inclusive se essas mulheres, para além da desconfiança, não estariam inundadas pela desesperança de vir a encontrar um ambiente hospitalar suficientemente bom. Desde essa perspectiva, a experiência da violência sexual se configuraria como um trauma com potencial de mantê-las numa espécie de paralisia, impossibilitando trânsitos para que sejam vivenciados encontros inter-humanos que favoreçam a retomada da continuidade de ser. Assim como Winnicott (1949/1993) já notara que é desastroso clinicamente quando estamos diante de alguém sem esperança, que perdeu a capacidade de acreditar, vivemos, no ambulatório, um impasse junto às mulheres vitimadas, numa espécie de "esconde-esconde" com elas: oscilamos entre procurá-las ativamente (compreendendo a necessidade de um colo altamente adaptado) e deixá-las "escondendo-se" da equipe (compreendendo que os profissionais podem ser sentidos mais como objetos persecutórios do que como bons objetos).

A despeito desse cenário de trabalho pouco promissor, vale lembrarmos que Winnicott nutria bastante esperança em relação ao potencial inato do ser humano rumo ao amadurecimento emocional, sustentando uma teorização essencialmente vitalista. Tanto é assim que Winnicott (1949/1993) discriminava entre a experiência do nascimento e o trauma do nascimento, uma vez que acreditava que não necessariamente todo nascimento seria vivido como um trauma ao bebê, podendo ser experienciado de modo suave e associado à força e à estabilidade do ego. De maneira análoga, Winnicott (1954/1993) não apenas apostava no cuidado fornecido dentro do *setting* terapêutico para fazer frente aos vários fracassos ambientais vividos pelos pacientes, como também defendia a existência de fenômenos curativos na vida cotidiana, como a amizade, a poesia e o brincar. Não é à toa que, quando discorremos sobre o trauma em Winnicott, falamos sobre desconfiança e desesperança, mas também, num avesso, sobre criatividade, saúde psíquica, confiabilidade e esperança. Trata-se de um legado winnicottiano valioso que nos convoca a assumir um olhar não patologizante diante de pacientes traumatizados, auxiliando igualmente que não adentremos num campo de paralisia e de desesperança.

Referências e indicações de leitura

Alford, C. F. (2012). Winnicott and trauma. *Psychoanalysis, Culture & Society, 18*(3), 259-276.

Dias, E. O. D. (2006). O caráter temporal e os sentidos de trauma em Winnicott. *Winnicott e-prints, 1*(2).

Lejarraga, A. L. (2008). Clínica do trauma em Ferenczi e Winnicott. *Natureza Humana, 10*(2), 115-148.

Winnicott, D. W. (1949/1993). Recordações do nascimento, trauma do nascimento e ansiedade. In D. W. Winnicott, *Textos selecionados: Da pediatria à psicanálise* (pp. 313-339). Francisco Alves.

Winnicott, D. W. (1954/1993). Aspectos clínicos e metapsicológicos da regressão dentro do setting psicanalítico. In D. W. Winnicott,

Textos selecionados: Da pediatria à psicanálise (pp. 459-481). Francisco Alves.

Winnicott, D. W. (1965/1994). O conceito de trauma em relação ao desenvolvimento do indivíduo dentro da família. In D. W. Winnicott, *Explorações psicanalíticas* (pp. 102-115). Artmed.

Winnicott, D. W. (1969/1994). A experiência mãe-bebê de mutualidade. In D. W. Winnicott, *Explorações psicanalíticas* (pp. 195-202). Artmed.

14. *Holding* e a queda segura

Rosana Sigler

Mara,[9] após conversarmos algumas vezes, afirma que o atendimento comigo certamente vai curá-la, ela pode sentir isso. Conta-me que tem a capacidade de prever acontecimentos futuros e exemplifica: quando era adolescente, lembra-se bem, foi invadida por uma ideia de que um gato caía do andar muito alto de um prédio, mas nada lhe acontecia porque alguém o segurava lá embaixo. No dia seguinte, assistiu à notícia de um homem que de fato havia caído da varanda de seu apartamento, mas acabou sendo salvo pelos cabos da rede de telecomunicações. Creio que com isso Mara me comunica a necessidade de sentir-se sustentada psiquicamente pela ligação que se inicia comigo, como aconteceu com o homem da notícia e o gato de seu pensamento. Eu atendo ao seu apelo propondo-lhe encontros semanais frequentes.

Apesar dos vários encontros comigo ao longo da semana, ela frequentemente me chama ao telefone, nos dias em que não temos sessão e nos fins de semana. Quando isso acontece, percebo Mara

---

[9] O nome desta paciente é fictício e o caso é apenas inspirado em meus atendimentos.

sofrendo muito, sempre ofegante, dizendo que precisa de mim para sair de uma sensação de estranhamento do ambiente ao seu redor e dela própria. Penso que essas crises são caracterizadas pela falência do *sentimento de si*, uma espécie de queda psíquica, pode-se dizer. Ao longo de sua análise, essas ligações foram diminuindo substancialmente. A sustentação oferecida nesses momentos parece ter possibilitado a experiência, primeiro, de que podia contar comigo para o restabelecimento do *sentimento de si*; depois, em um estado avançado de sua análise, de que podia contar consigo mesma. Certa vez, nesse estágio mais avançado, ela pôde me dizer que havia sofrido muito no dia anterior, mas que conseguiu melhorar depois de tomar um banho bem quente.

Desde nosso primeiro encontro, Mara demonstra precisar bastante de minha presença ativa com ela, como que não deixando a conversa morrer. Eu imaginava que meu silêncio pudesse ser sentido por ela como uma queda. Penso que seu *sentimento de ser* nas sessões precisava ser *sustentado*, então, por meio de meu interesse por ela e de minha presença viva.

Winnicott (1954/2000) atendeu inúmeros analisandos que classificou como aqueles cujo desenvolvimento emocional ainda é o primitivo, relacionado ao momento da infância "no qual é necessário que a mãe esteja *segurando* concretamente a criança" (p. 376, grifo meu). Ele emprega o termo *holding* – que pode ser traduzido por *sustentação* – para qualificar o ambiente necessário ao bebê recém-nascido, bem como o ambiente de todo atendimento psicanalítico, especialmente a pacientes com grave sofrimento emocional.

Como inúmeros conceitos do autor, *holding* possui uma natureza *ontológica* – ou seja, relativa ao *ser* –, uma vez que se refere à "salvaguarda do tecido do *continuar a ser* do bebê" (Ogden, 2010, p. 124, grifo meu). No início da vida, essa salvaguarda requer que a mãe possa criar um ambiente no qual a criança vive a ilusão de que não existe o não eu nem o tempo cronológico. O *holding* é uma função muito presente e evidente, realizada pela mãe quando ela vive um especial estado emocional ao final da gravidez e logo depois do parto. Winnicott (1956/2000) dá o nome de *preocupação materna primária* a esse estado.

A mãe experiencia uma sensibilidade exacerbada que a capacita a atender ao seu bebê muito prontamente, adaptando-se ativamente às suas necessidades. Ela transforma sua casa em uma espécie de útero para a criança, pois aplaca parte dos estímulos que seriam sentidos como *intrusões* ou golpes em seu *ser*, que ainda não possui um sentimento de integração e unidade. Ela também não a deixa muito tempo necessitando da sua presença. Nesse contexto, a mãe segura o bebê no colo, o embala e olha para ele como um ser inteiro, possibilitando que experimente a *continuidade em seu ser*, alojado em um corpo que permanece ao longo do tempo.

Assim, *holding* não é apenas a sustentação concreta que a mãe oferece ao bebê ao segurá-lo, mas inclui também esse olhar integrador da mãe para um ser que, efetivamente, não se sente ainda integrado. *Holding* abarca todos os cuidados que a mãe, nesse estado especial, dispensa à criança, de modo que ela não precisa reagir frequentemente a estímulos ambientais e internos.

Na situação analítica, *holding* refere-se igualmente a uma adaptação sensível do analista às necessidades psíquicas do analisando. Winnicott estabelece uma diferenciação entre *desejos*, de um lado, e *necessidades*, de outro. As necessidades têm relação com o estágio da vida em que ainda não há um *eu* constituído. Nesse momento não pode haver desejos nem frustrações, e sim necessidades e distorções no desenvolvimento, caso estas não sejam atendidas.

Com alguns pacientes, estamos diante de necessidades que precisam ser atendidas. Mara necessitava experimentar, contínuas vezes, o sentimento de integração de seu *eu* ao longo do tempo, possibilitado pela presença da analista no momento de sua necessidade. Nas situações em que me ligava, Mara parecia estar perdendo seu precário *sentimento de si*, em meio à sua fragmentação psíquica. O sentimento de integração de seu *eu*, ao longo do tempo pôde ser experimentado em sua análise por meio do *holding* promovido, ou seja, pela adaptação às suas necessidades de modo a sustentar seu *sentimento de si* ao longo do tempo. Ela necessitava experimentar frequentemente a disponibilidade da analista em estar presente com ela em momentos de crise emocional fora das sessões e, ao longo de cada sessão, por meio de sua presença viva. Desse modo, creio que a análise forneceu aquilo que ela pareceu solicitar em seu início: sentir-se sustentada psiquicamente pela ligação que se iniciava comigo.

Referências e indicações de leitura

Ogden, T. H. (2010). Sobre sustentar e conter, ser e sonhar. In *Esta arte da psicanálise: sonhando sonhos não sonhados e gritos interrompidos*. Artmed.

Winnicott, D. W. (1954/2000). Aspectos clínicos e metapsicológicos da regressão no contexto psicanalítico. In D. W. Winnicott, *Da pediatria à psicanálise: obras escolhidas*. Imago.

Winnicott, D. W. (1956/2000). A preocupação materna primária. In D. W. Winnicott, *Da pediatria à psicanálise: obras escolhidas*. Imago.

Winnicott, D. W. (1960/1983). Teoria do relacionamento paterno-infantil. In D. W. Winnicott, *O ambiente e os processos de maturação: estudos sobre a teoria do desenvolvimento emocional*. Artes Médicas.

Winnicott, D. W. (1963/1983). Da dependência à independência no desenvolvimento do indivíduo. In D. W. Winnicott, *O ambiente e os processos de maturação: estudos sobre a teoria do desenvolvimento emocional*. Artes Médicas.

Winnicott, D. W. (1964/1994). *Setting* e regressão. In D. W. Winnicott, *Explorações psicanalíticas*. Artmed.

15. A condição especial das mães no conceito da preocupação materna primária

Simone Kelly Niklis Guidugli

O termo preocupação materna primária foi desenvolvido por Winnicott com a finalidade de descrever um estado especial que as mulheres enfrentam com a experiência da maternidade. Para ele, a mãe teria uma condição natural para oferecer os cuidados apropriados ao seu bebê pela identificação que ela tem com o filho, o que pode ocorrer tanto no nível consciente quanto inconsciente. O autor foi aprimorando e problematizando o conceito, tornando-o um dos mais importantes em sua teoria.

A preocupação materna primária se trata de um estado da mãe descrito por Winnicott (1956/2000) como uma "condição psiquiátrica muito especial" (p. 401) que se inicia gradativamente nos meses finais da gravidez, estendendo-se por algumas semanas após o nascimento do bebê. Essa condição traz à mãe uma sensibilidade exacerbada que proporciona que ela ofereça os cuidados adequados ao filho.

Ao passo que Winnicott (1956/2000) refere-se a uma condição psiquiátrica, explica que seria uma doença caso a mulher não estivesse no estado de gravidez, mas, sendo neste estado, considera-a uma condição organizada que se compara a um retraimento e diz que a mulher precisa ter saúde psíquica suficiente para desenvolver esse estado de intensa sensibilidade, mas também para recuperar-se dele à medida que o bebê vai crescendo.

A preocupação materna primária envolve a identificação da mãe com o seu filho ao ponto de conseguir detectar as necessidades dele para supri-las. Winnicott (1956/2000) afirma que a mãe nessa condição fica absolutamente dedicada ao bebê e, quando consegue sair dela, geralmente não se lembra do que ocorreu neste período – com relação ao seu envolvimento exclusivo com a criança – pois esta memória tende a ser reprimida.

Winnicott (1965/1996) afirma que a mãe grávida já tem uma identificação com o filho e isso confere a ela a capacidade especial de fazer a coisa certa, pois sabe como o bebê pode estar se sentindo melhor que qualquer outra pessoa, inclusive os especialistas, como médicos e enfermeiras, que, embora conheçam muito sobre saúde e doenças, não estão na mesma experiência que a mãe está com o seu bebê.

Em *Os bebês e suas mães*, Winnicott (1988/2006a) afirma que as mães "desenvolvem uma capacidade surpreendente de identificação com o bebê, o que lhes possibilita ir ao encontro das necessidades básicas do recém-nascido, de uma forma que nenhuma máquina pode imitar, e que não pode ser ensinada" (p. 30).

Embora a preocupação materna primária seja uma condição esperada no desenvolvimento da gravidez, Winnicott (1965/1996) explica que existe a possibilidade de as mães serem afetadas por alguns distúrbios nos quais há a dificuldade e/ou o impedimento de adentrarem nesse estado: pode ser que a mãe não consiga deixar de lado seus próprios interesses para entrar nessa experiência "que quase se assemelha a uma doença" (p. 16); por outro lado, pode ser que a mãe fique demasiadamente preocupada e, com isso, seu bebê torna-se uma preocupação patológica, o que tem uma repercussão importante, pois ela não conseguirá fazer o natural desmame que uma mãe saudável faria, ou seja, voltando a seus interesses com a própria vida a partir da condição de menor dependência do filho; há ainda uma terceira possibilidade considerada nada saudável, que seria uma quebra abrupta da preocupação até então patológica.

Para ilustrar o estado da preocupação materna primária conforme a teoria winnicottiana, temos a vinheta clínica que se segue.

> *H., 33 anos, casada, mãe de E., 3 meses de idade. H. sempre teve o desejo de ser mãe e após seus primeiros anos de casamento, em decisão compartilhada com o marido, engravidou. No decorrer da gravidez, H. mostra-se gradativamente mais envolvida com a chegada do filho, desconectando-se de uma rotina de muito investimento pessoal no trabalho, no casamento e na vida social. Com o nascimento de E., a paciente H. passa a viver com intensidade a rotina do bebê, mantendo-se atenta a todos os sinais que ele apresenta. Surpreende-se quando, após algumas semanas, percebe que consegue diferenciar os tipos de choro do filho, suprindo suas demandas de maneira a acalmá-lo. Confidencia que sofre ao ver o filho chorar e acha um absurdo a atitude de pais que "deixam seus filhos chorarem até dormir". H. foi filha única de um casal que não acreditava na escuta da criança, mas sim que "criança tinha que seguir as regras da casa e obedecer". H. descreve sua infância como solitária e via-se como uma criança "que estava lá, mas não fazia parte".*

O desamparo vivenciado por H. parece complementar sua própria condição psíquica de identificar-se com o bebê e seu natural desamparo em razão da dependência absoluta – período em que precisa de um adulto que lhe cuide efetiva e afetivamente a fim de que sobreviva física e psiquicamente –, dando-lhe condição para identificar quais as suas necessidades e supri-las.

Em outra vinheta clínica, no entanto, temos um exemplo do que Winnicott menciona sobre as mães que apresentam dificuldade no desenvolvimento da preocupação materna primária.

> *A., 29 anos, casada, mãe de J. chega à psicoterapia aos seis meses de gestação, encaminhada por sua obstetra, dizendo: "tudo o que eu queria era não estar grávida, veja minha barriga, olha o tamanho dela, estou gorda e feia". A. trabalhou por muitos anos como profissional do sexo, casou-se ainda trabalhando (sem que o marido soubesse) e viu diante do pedido do marido para que engravidasse a oportunidade para interromper (impedir-lhe de realizar) o trabalho, uma vez que se estabeleceu um conflito entre o desejo de permanecer trabalhando e a vida oculta que levava a partir do casamento recém-contraído. Entretanto, A. não conseguiu sustentar essa decisão, manifestando significativas dificuldades para se identificar com o bebê após seu nascimento.*
>
> *Já nas primeiras semanas do puerpério, referia a necessidade de voltar a praticar atividades físicas com o objetivo de retomar a forma física tão almejada – e conquistada – antes da gravidez. Outras pessoas entraram no cenário, oferecendo ao bebê um ambiente mais seguro, como o pai e a avó materna, que se revezavam*

> *diariamente nos cuidados com o bebê, enquanto a mãe buscava no processo terapêutico a possibilidade de uma condição mínima que favorecesse uma maternidade com mais saúde emocional, além das necessárias segurança e estabilidade ambiental para que a constituição psíquica do bebê não fosse prejudicada e a vinculação mãe-bebê pudesse se desenvolver. A. conseguia oferecer cuidados apropriados ao bebê, mas não lhe era possível envolver-se com ele, desejar estar com ele, preocupar-se mais com ele do que consigo e seus próprios interesses em voltar a ter o "corpo de antes, a vida de antes".*

Ao discorrer sobre as dificuldades da mãe em desenvolver o estado da preocupação materna primária, Winnicott considerou a possibilidade de outras pessoas, que não são mães biológicas, virem a desenvolvê-la, algo que foi demonstrado no último caso apresentado e que certamente contribui para o desenvolvimento saudável do bebê, ainda que tenha de conviver com a falta que a mãe possa lhe proporcionar.

Referências e indicações de leitura

Winnicott, D. W. (1956/2000). A preocupação materna primária. In D. W. Winnicott, *Da pediatria à psicanálise: obras escolhidas* (pp. 399-405). Imago.

Winnicott, D. W. (1965/1996). O relacionamento inicial entre uma mãe e seu bebê – a parceria entre mãe e bebê. In D. W. Winnicott, *A família e o desenvolvimento individual* (pp. 15-20). WMF Martins Fontes.

Winnicott, D. W. (1988/2006a). O recém-nascido e sua mãe. In D. W. Winnicott, *Os bebês e suas mães* (pp. 29-42). Martins Fontes.

Winnicott, D. W. (1988/2006b). A mãe dedicada comum. In D. W. Winnicott, *Os bebês e suas mães* (pp. 1-12). Martins Fontes.

16. Fenômenos transicionais e experiência cultural

Valeria Barbieri

As concepções de objetos e fenômenos transicionais podem ser consideradas as maiores contribuições de Winnicott (1971/1975) para a psicanálise. Elas se inscrevem em uma compreensão dos processos de simbolização que enfatiza mais a capacidade dos símbolos de veicular uma experiência do que o conteúdo deles. A função simbolizante refletiria as formas de o indivíduo estar no mundo, variando segundo o período evolutivo.

Os fenômenos transicionais são uma parte importante desse percurso. Eles surgem na etapa da dependência relativa do amadurecimento emocional, mas têm raízes na criatividade primária do indivíduo, suporte da constituição do *self*. Por isso, o seu aparecimento depende de como ocorreu a fase anterior da dependência absoluta. Nesta, as imagens sensoriais de que o bebê dispõe desde a vida intrauterina permitem-lhe criar os objetos de que necessita. A adaptação da mãe de modo a corresponder a esses objetos possibilita a instalação do vínculo fusional entre a díade. Desse modo, institui-se o fenômeno da ilusão, que, ao se repetir, fomentará na criança o sentimento de união com o mundo. Se as experiências de ilusão forem bem estabelecidas, no final do período a mãe pode desiludir o bebê (Winnicott, 1958/1993), o que viabiliza alcançar a dependência relativa.

Nesse momento, as falhas da mãe, que vai deixando o estado de preocupação materna primária, criam um hiato temporal entre a expressão da necessidade da criança e o seu atendimento. Esse tempo de espera, que deve estar em acordo com as condições do bebê de suportá-lo, levam-no a constatar que existe um mundo exterior a ele e à sua criatividade. Com essas experiências, ele prescinde gradativamente do vínculo fusional e atinge um estado de integração que, embora precário, é suficiente para que desenvolva a habilidade de relacionar-se *com* a mãe, de *viver com* ela.

Nesse contexto, a criança é capaz de recortar um pedaço da realidade externa e apropriar-se dele, configurando a primeira possessão não eu. Esse pedaço consiste no objeto transicional, que, como os fenômenos dessa natureza, ocorre na área intermediária entre a mãe e o bebê, que antes era ocupada pela ilusão. Tais objetos e fenômenos dão forma a esse espaço, sendo esta a sua principal função (Winnicott, 1971/1975). É nesse lugar que acontece o brincar criativo e, mais tarde, as experiências culturais.

O objeto transicional pode ser uma boneca, um cobertor, um pedaço de tecido, um ursinho de pelúcia ou qualquer outro objeto que seja adotado pela criança (e não imposto a ela). Ele a acompanha em suas atividades e é particularmente importante na hora de dormir e quando um humor depressivo ameaça irromper. Ele pode ficar sujo, rasgado ou deteriorado, mas a criança o reivindica mesmo assim, e protesta diante de condutas dos pais para repará-lo ou lavá-lo, pois esses procedimentos alteram as suas características. Ele representa a união da criança com o mundo, por isso, não é considerado interno nem externo, mas sobrevive na zona intermediária da experiência. Com isso, os objetos transicionais, o brincar e as experiências culturais impedem que as experiências de separação recaiam de forma violenta sobre o bebê, visto que eles significam afastamento, mas também união.

O objeto transicional pode representar a mãe, mas o fato de ele não ser a mãe, e de o bebê saber disso, é altamente relevante. Esse reconhecimento demonstra o acesso da criança ao faz de conta, testemunho da sua condição de assimilar os objetos do mundo e modelá-los criativamente, da sua capacidade de articular as realidades externa e interna. É no brincar que se desenvolve o uso dos símbolos que representam simultaneamente esses dois universos, sendo o protótipo deles a união entre o bebê e a mãe. Por isso, é fundamental que esse objeto apresente vitalidade e sobreviva ao amor pulsional, ao ódio e à agressividade, pois somente assim ele poderá limitar a onipotência do bebê e permitir o alcance das experiências de externalidade (Winnicott, 1971/1975).

Essa conexão das realidades interna e externa tem como corolário duas qualidades do brincar: a afinidade com o sonho e a dependência do objeto externo. Tanto o brincar criativo como o sonho vinculam-se ao relacionamento com objetos do mundo exterior, sendo esses últimos manipulados a serviço dos primeiros. Assim, sem precisar alucinar, a criança manifesta uma parte do seu potencial onírico e o vive com elementos da realidade externa. Logo, o brincar criativo facilita o crescimento e é próprio da saúde, consistindo em uma psicoterapia universal (Winnicott, 1971/1975).

Quanto à segunda qualidade do faz de conta, dependência do objeto externo, isso acontece porque o grau de integração da criança é frágil e não existe um interior e um exterior solidamente distintos. Em consequência, a possibilidade de fazer uso de um objeto transicional depende da existência de um objeto interno vivo e bom, mas esta encontra-se atrelada à presença de um objeto externo com essas mesmas características. Assim, se a mãe se ausenta por um período maior do que o bebê tolera, a imago materna se esvanece e o objeto transicional perde o sentido.

Com o crescimento, os fenômenos transicionais se espalham para o campo cultural, e o objeto transicional vai perdendo o sentido. Desse modo, a criança pode descartá-lo. Ele não é introjetado, reprimido ou esquecido, mas relegado ao limbo porque as experiências culturais passam a cumprir as suas funções.

A capacidade para usufruir das experiências e dos fenômenos transicionais, ao promover a união da pessoa com o mundo, impede que ela se refugie em um retraimento incomunicável ou em um funcionamento de falso *self*. Nesse último caso, o indivíduo apega-se à realidade exterior, passando a se constituir a partir dela, e não de sua criatividade pessoal. Com isso, ele se perde de si mesmo e desenvolve um sentimento de futilidade diante da vida, que deixa de ser vista como valendo a pena.

Muitas psicopatologias vinculam-se a dificuldades para desfrutar da área dos fenômenos transicionais, cabendo ao trabalho terapêutico a sua descoberta ou construção. A busca dessa capacidade pode ser ilustrada por uma vinheta clínica:

> *Beatriz (nome fictício), cuja profissão é ligada à arte, fala de seu filho de 11 anos, que começa a se interessar pela música:*
>
> *– Parece que ele encontrou o caminho dele. Está fazendo um curso de música e isso está mexendo com ele. Ele está mais organizado, faz as tarefas da escola sem reclamar e não atrasa mais para entregar os trabalhos. Ele sempre estudou à tarde, porque não consegue acordar cedo. E ele encontrou esse curso que é no sábado de manhã. Ele vai sem reclamar e fica lá durante 6 horas!*

> *Comento que ela sentia que a sua inserção no mundo artístico tinha sido algo imposto. Ela responde:*
>
> *– Sim. A minha mãe impôs isso para nós. A gente sempre tinha que fazer algo ligado à arte. Não é que eu não goste do que eu faço, mas acho que podia ser diferente.*
>
> *Comento que o filho passou a acordar cedo e renunciar a confortos porque tinha encontrado um sentido no que fazia e ela queria isso para si. Beatriz responde:*
>
> *– Sim, é isso. Eu também quero isso para mim e eu acho que posso aprender com ele.*

Assim, Beatriz reivindica a possibilidade de usufruir mais plenamente dos fenômenos transicionais e de escolher por si mesma os objetos de que vai se servir para tal. Se ela sente que essa capacidade não lhe é totalmente ausente, acredita que essa área pode ser expandida. Nessas condições, sua vida ganharia mais sentido e o seu sentimento de ter um lugar no mundo estaria assegurado.

Referências e indicações de leitura

Winnicott, D. W. (1971/1975). *O brincar e a realidade*. Imago.

Winnicott, D. W. (1958/1993). *Textos selecionados: Da pediatria à psicanálise*. Francisco Alves.

CLARE BRITTON WINNICOTT
(1906-1984)
E DONALD WOODS WINNICOTT
(1896-1971)

17. Sobre o *casework* e seus aportes para o trabalho psicanalítico em instituições de cuidado

Gustavo Vieira

Assim como alguns termos da medicina receberam uma nova acepção enquanto conceitos na obra freudiana, a noção de *casework*, uma ideia advinda do serviço social, adquiriu novo sentido nos trabalhos de Clare e Donald Winnicott, constituindo valiosos aportes para o trabalho clínico-institucional face aos casos de vulnerabilidade psicossocial. Considerando que o termo *casework* possui diversas traduções (por exemplo, "atendimento de caso" e "trabalho social"), optamos por utilizar neste capítulo o termo original em inglês.

De acordo com Timms e Timms (1982), pesquisadores do serviço social britânico, a definição mais abrangente de *casework* consiste na atuação profissional no "caso a caso", focada no acompanhamento de indivíduos e famílias, em contraponto ao trabalho social dirigido a grupos populacionais, sem especial atenção às singularidades e à história de cada sujeito.

Tendo em vista que a assistente social Clare Britton conheceu Donald Winnicott no plano de evacuação de crianças (de Londres para o interior) durante a Segunda Guerra Mundial, é interessante notar que a noção de *casework* seguiu presente nos trabalhos posteriores do casal de psicanalistas,[10] desvelando uma influência teórica mútua na construção de suas obras (Kanter, 2004).

Atuando inicialmente na proteção infantil, Britton (1955) concebe o *casework* como uma atividade na qual a "técnica básica" repousa na qualidade da relação do profissional com a pessoa acompanhada. Segundo a autora, o foco central do profissional seria tornar-se um "ambiente confiável" no tempo e no espaço, mostrando-se consistente junto à pessoa acompanhada.

Já Winnicott, que se dedicava especialmente ao trabalho clínico – no consultório e no hospital –, destaca uma distinção importante: o psicoterapeuta (ou psicanalista) faria uso da transferência para realizar interpretações e outras intervenções focadas na dinâmica inconsciente; o profissional do *casework*, por sua vez, manejaria a transferência por outros meios, dedicando-se à "sustentação" (*holding*) de uma relação profissional estável de apoio, bem como poderia realizar outras intervenções no sentido de uma "provisão ambiental", especialmente nos casos de maior vulnerabilidade pessoal e/ou familiar (Winnicott, 1959/1995, 1961/2012).

Britton (1955) e Winnicott (1959/1995) fundamentam o *casework* na necessidade de o sujeito contar com um "ambiente suficientemente bom" no processo de integração pessoal e de constituição de um "eu" capaz de lidar com conflitos, tanto interpessoais como intrapsíquicos. Nesse sentido, Winnicott (1959/1995, 1961/2012) destaca que, embora o *casework* seja distinto do processo psicoterapêutico (ou psicanalítico), os profissionais dedicados àquele operariam um papel terapêutico em situações em que falhas ambientais importantes precisassem ser supridas.

---

[10] Clare iniciou sua formação analítica nos anos 1950, dedicando-se à clínica psicanalítica especialmente nos anos 1970 (Kanter, 2004).

Britton (1955) aborda o manejo relacional do *casework*, apresentando contribuições na interação entre o trabalho social e a psicanálise. Segundo a autora, o profissional no *casework* sustenta (*hold*)[11] de modo consistente uma ideia acerca da pessoa em sofrimento, bem como sustenta a situação difícil que a trouxe até o serviço, tolerando-a até que o sujeito descubra um caminho ou possa lidar com o cenário em que se encontra. Nesse contexto, Britton destaca a importância de o *casework* favorecer a pessoa acompanhada a reconhecer – e não negar – a importância de sua experiência dolorosa, de modo que possa, em certo sentido, revivê-la junto ao profissional. A autora acrescenta ainda que, no *casework*, o profissional precisa lidar com as dimensões afetuosas e, igualmente, com as mais hostis da relação, salientando que as concepções morais (ou demandas superegoicas) do profissional não devem orientar sua atuação.

Embora a noção de *casework* influenciasse o manejo de Winnicott (1959/1995) em alguns casos no consultório, é no âmbito da Clínica Infantil do Hospital Paddington Green que o autor discute as implicações desta ideia no trabalho institucional e em equipe. Nesse contexto, Winnicott atuava em conjunto a outros profissionais – principalmente assistentes sociais – que se dedicavam ao *casework* em casos de crianças e adolescentes cujo ambiente continha um "elemento desintegrador" ou, ainda, em situações cuja "ruptura ambiental" já havia sido consumada. A presença de assistentes sociais na Clínica Infantil não implicava o mero encaminhamento dos casos, mas um arranjo de atuação conjunta que se constituía, segundo ele, em uma "maquinaria complexa de trabalho em equipe".

---

[11] É interessante notar que o termo *holding*, utilizado com frequência na obra de Winnicott, tem sua origem atribuída aos escritos de Clare (Winnicott, 1959/1995; Kanter, 2004).

Em sua concepção de *casework* na instituição, Winnicott (1959/1995) propunha que um profissional acompanhasse o caso "em sua integralidade", enquanto ele mesmo permanecia em posição de retaguarda e apoio, buscando evitar que a atuação em equipe acarretasse desarticulação ou mesmo nova desintegração ambiental. Para o autor, o *casework* favoreceria a integração da pessoa acompanhada na "relação total" estabelecida com o profissional de referência. Dentre os exemplos apresentados, Winnicott destaca o caso de Anthony, para quem a Clínica Infantil se constituiu como importante ambiente integrador desde os 8 anos de idade até a vida adulta.

Em nossa prática clínico-institucional, a noção de *casework* permitiu pensar em termos psicodinâmicos o trabalho interprofissional em saúde, especialmente em territórios marcados pela vulnerabilidade psicossocial. Um exemplo consiste no caso de Elisa, adolescente que produzia escoriações corporais e que, ao se aproximar da unidade de saúde, estabeleceu um laço transferencial com Mônica, jovem agente comunitária de saúde (ACS). A relação profissional entre Elisa e Mônica constituiu-se como um "ambiente confiável" face a um cenário familiar e comunitário invasivo e violento. Nesse contexto, Mônica pôde contar com nossa retaguarda e nosso suporte, no sentido de acolher a adolescente e sustentar um vínculo consistente. O trabalho de *casework* realizado por Mônica favoreceu um processo de integração à paciente, que pôde, posteriormente, indicar uma demanda de cuidado psicoterapêutico e, ainda, vincular-se a outros profissionais de saúde mental, sem deixar de encontrar na ACS – e na unidade de saúde – uma referência estável e confiável (Vieira, Castanho & Campos, 2020).

Referências e indicações de leitura

Britton, C. (1955). Casework techniques in child care services. *Social Casework*, *36*(1), 3-13.

Kanter, J. (2004). Clare Winnicott: her life and legacy. In J. Kanter (Ed.), *Face to face with children: the life and work of Clare Winnicott* (pp. 1-95). Karnac.

Timms, N., & Timms, R. (1982). Casework. In N. Timms, & R. Timms, *Dictionary of Social Welfare* (pp. 27-28). Routledge.

Vieira, G., Castanho, P., & Campos, E. P. (2020). Uma ampliação do setting face à exclusão: contribuições de Winnicott para o cuidado clínico em equipe. *Cadernos de Psicanálise (CPRJ)*, *42*(43), 91-115.

Winnicott, D. W. (1959/1995). Casework with mentally ill children. In D. W. Winnicott, *The family and individual development* (pp. 121-131). Routledge.

Winnicott, D. W. (1959/2013). *A família e o desenvolvimento individual.* Martins Fontes.

Winnicott, D. W. (1961/2012). Varieties of psychotherapy. In D. W. Winnicott, *Deprivation and delinquency* (pp. 200-208). Routledge.

ANNA FREUD (1895-1982)

18. As linhas do desenvolvimento na prática clínica

Marcos Roberto Fanton

Apesar de ser conhecida pelo livro *O ego e os mecanismos de defesa* (1936/1987), Anna Freud sempre esteve interessada no desenvolvimento infantil. Mesmo nesse livro, Anna fala a respeito das sequências do desenvolvimento ao ressaltar diferenças entre defesas mais primitivas e mais desenvolvidas.

Nesse contexto desenvolvimentista, a autora apresentou seu modelo de *linhas do desenvolvimento*, tanto como uma maneira de compreender quanto de avaliar o desenvolvimento infantil. A avaliação do desenvolvimento era central no pensamento de Anna, já que, para ela, o tratamento psicanalítico não deveria ser indicado para todos os casos, mas somente àqueles que apresentassem sinais de que não seriam capazes de avançar no desenvolvimento sem ajuda.

As linhas abarcam desde atitudes "dependentes, irracionais, determinadas pelo id e pelo objeto, no sentido de um crescente domínio, pelo ego, do seu [da criança] mundo interno e externo" (Freud, 1965/1973, p. 60). Assim, atitudes menos avançadas como o mamar no seio, o sujar as fraldas, o egocentrismo etc. teriam determinado encaminhamento na saúde, demonstrando o desenvolvimento saudável do ego. Apresentarei neste capítulo uma breve descrição desse modelo e sua aplicação em um caso clínico.

Inicialmente, tendo em vista que Anna partiu das ideias de seu pai para formular sua teoria, considero os marcos presentes na teoria do desenvolvimento da libido como uma linha em si. A autora resume as mudanças que ocorrem na passagem de uma fase para a outra dizendo que é "possível distinguir claramente entre as fases libidinais a partir do comportamento da criança em relação à mãe ou seu substituto. [Primeiro como] uma dependência ávida (oral); uma possessividade invasiva e atormentadora (anal); uma atitude protetora em relação ao objeto de amor (fálico)" (Freud, 1951/1973, p. 150, tradução nossa). A partir disso, estão descritas a seguir as linhas originalmente propostas por Anna.

1. Da mamada à alimentação racional: o primeiro marco é o desmame; depois a capacidade de se alimentar sozinha e, finalmente, a capacidade de usar talheres.

2. De molhar-se e sujar-se ao controle dos esfíncteres: no primeiro período o infante tem total liberdade para se sujar; depois, surgem os fenômenos da fase anal – como brincar com as fezes ou substâncias pastosas (comida, massinha). Por fim, a criança deve adotar as exigências ambientais quanto à limpeza e ao controle dos esfíncteres.

3. Da irresponsabilidade à responsabilidade no controle corpóreo: teria como marco o surgimento da capacidade da criança de dirigir sua agressividade para o meio externo, sendo que isso é inicialmente feito de maneira que desconsidera a responsabilidade da criança sobre suas próprias atitudes para, então, ser capaz de perceber que seus atos têm um efeito sobre o mundo e se responsabilizar por eles.

4. Do egocentrismo ao companheirismo: descreve a passagem de um modo de relacionamento a dois corpos (mãe e bebê) para a construção de laços sociais e amizades. No início o interesse do bebê pela mãe se daria tomando-a apenas como um objeto que atende às suas demandas instintuais. Depois, o infante passaria a demonstrar interesse pela relação com a mãe como pessoa, a qual se estenderia aos pares.
5. Do corpo ao brinquedo e do brinquedo ao trabalho: no início, a utilização do corpo da mãe e do próprio corpo como objetos para brincar; depois, o uso de brinquedos como fonte de conforto (pano, urso). Por fim, as brincadeiras construtivas e, no adulto, a capacidade para trabalhar.

Além dessas linhas, o caminho percorrido da extrema dependência do recém-nascido até a autoconfiança emocional é uma diretriz prototípica das cinco linhas, tendo a constância de objeto como um marco central. A proposta é que cada linha do desenvolvimento seja um índice do quão avançada a criança está em termos de dependência e autossuficiência emocional.

Apesar de ter proposto essas linhas, Anna ressalta que "há muitos outros exemplos de linhas do desenvolvimento" (Freud, 1965/1973, p. 77, tradução nossa), sendo que outras podem ser agregadas.

Espera-se que o desenvolvimento ocorra de maneira concomitante entre as diversas linhas, porém é possível que haja regressão em algum aspecto. Por exemplo, "o treino do banheiro não é adquirido de uma vez, mas leva muitas idas e vindas em uma série interminável de sucessos, relapsos, acidentes etc." (Freud, 1965/1973, p. 99, tradução nossa). Além disso, as regressões podem ocorrer em virtude de fatores estressantes, como o cansaço ao final de um dia na escola. Este fato é importante porque relativiza os acontecimentos no desenvolvimento infantil, o que é um aspecto essencial para avaliar a necessidade ou não de intervenção psicoterapêutica.

Ilustração clínica

O caso a seguir foi apresentado por Viviane Green em 1995. A autora se graduou pelo *Anna Freud Centre* e mais tarde se tornou diretora do programa de treinamento clínico dessa instituição.

Um garoto, K, apresentava ansiedade de separação em relação a seus genitores durante seus primeiros anos de vida, mas foi capaz de superar esse quadro sem acompanhamento psicoterapêutico. Entretanto, quando completou 10 anos de idade, sua mãe desenvolveu câncer, o qual foi curado com sucesso. Ainda assim, K voltou a apresentar ansiedade de separação. Mesmo que compreendesse que essa sensação era, de certa maneira, "irracional", ele não era capaz de contê-la.

A ansiedade de separação está presente quando a constância de objeto, um marco da linha da extrema dependência à autoconfiança emocional, ainda não foi conquistada. Como anteriormente K já havia superado tal marco, o aparecimento desse quadro configura uma regressão. Como visto, a regressão é esperada no desenvolvimento normal, mas no caso de K, segundo sua avaliação clínica, havia o risco de essa regressão se tornar permanente, então o tratamento psicanalítico foi indicado.

Concluindo, esse caso ilustra a utilização das linhas na avaliação e no diagnóstico com a finalidade de indicação ou não do tratamento psicanalítico. Nas obras completas de Anna Freud, que totalizam 8 volumes, se encontram também outros exemplos de uso das linhas para responder a perguntas cotidianas no cuidado de um infante, como: "quando a criança está pronta para entrar na escola?".

O trabalho de Anna, nesse sentido, influenciou mudanças significativas nas práticas em creches britânicas de sua época. Era consenso, por exemplo, que quando a criança completasse 3 anos de idade já poderia, ou deveria ser colocada na creche, independentemente de sua capacidade para lidar com isso. As proposições de Anna sobre as capacidades mínimas para a criança frequentar a escola - como ser capaz de controlar os esfíncteres, se alimentar com certa autonomia, ter desenvolvido a noção de constância de objeto - fizeram com que essa prática fosse repensada.

Referências e indicações de leitura

Freud, A. (1936/1987). *The writings of Anna Freud, Volume II: The ego and the mechanisms of defense.* International Universities Press.

Freud, A. (1951/1973). *The writings of Anna Freud, Volume IV: Indications for child analysis and other papers.* International Universities Press.

Freud, A. (1965/1973). *The writings of Anna Freud, Volume VI: Normality and pathology in childhood: assessments of development.* International Universities Press.

Freud, A. (1976). *Infância normal e patológica: determinantes do desenvolvimento.* Zahar.

Green, V. (1995). Developmental considerations and diagnostic assessments. *Bulletin of the Anna Freud Centre, 18*(3), 173-186.

ROGER MONEY-KYRLE
(1898-1980)

19. Megalomania de todo dia: pretensão, arrogância e sofrimento psíquico

Francisco Garzon

Em seu texto de 1965, Roger Money-Kyrle nos oferece uma tese clinicamente muito relevante, que nos permite melhor compreender um tipo de sofrimento psíquico tão comumente encontrado em nossa prática clínica, qual seja, *a sensação de perda de confiança* e *o medo da perda de capacidade*. Em muitos casos, recebemos pacientes em profundas crises de angústia, imobilizados pela iminente sensação de perda de capacidade, perda de potência ou algum tipo de decaimento cognitivo, experimentando devastadoras sensações de ser intelectualmente incapaz de ocupar um lugar que muito desejou e conquistou em um emprego, instituição, grupo ou contexto social.

Money-Kyrle (1965/1995) inova ao sustentar que a experiência humana seria universalmente marcada por uma espécie de megalomania, fruto da peculiar organização de nosso narcisismo:

> *A tese que espero desenvolver aqui é que esse narcisismo . . . seria um traço psicótico tão persistente em nossa espécie, que sua presença é considerada não apenas normal, mas essencial à saúde. Uma ilustração*

> *crítica do quero dizer é facilmente reconhecida naqueles pacientes cujo sofrimento parece consistir em uma perda de confiança. Nesses casos, a análise provavelmente revelará que a anterior autoconfiança tinha em si mais do que apenas uma avaliação de suas capacidades em relação a seus desafios. Aquela confiança continha em sua afirmação um valor especial, uma qualidade maníaca como defesa contra um senso de menor valia, que difere apenas em grau, mas não em gênero, de um delírio megalomaníaco. Para esses pacientes, o "delírio" seria parte de sua "saúde", a qual esperam que o analista seja capaz de restabelecer. Antes de adoecer, vinham funcionando com sucesso, talvez até mesmo brilhantemente, baseados em uma concepção exageradamente valorizada de si mesmos, que agora perderam (p. 376).*

Aqui está uma questão crucial de manejo clínico: instado a "curar" o paciente, o analista poderá se ver tentado, pela própria megalomania, a procurar reassegurar a frágil condição onipotente do paciente, quando o mais honesto a se fazer seria mostrar-lhe o confiável caminho da frustração e do limite.

A proposição dessa tese nos permite uma compreensão, no contexto da clínica, de que o sofrimento decorrente do medo da perda de capacidade se funda não naquilo que costumamos chamar de exigências superegoicas, mas em uma espécie de pretensão arrogante do ego. Essa passagem pode fazer toda a diferença na compreensão de tais contextos de angústia, uma vez que nos permite reconhecer o desejo maníaco do paciente como fonte de seu próprio sofrimento. O profundo medo de perder as potências tem sua origem na "deliciosa" ideia de que há algo de muito especial a respeito daquele sujeito – algo que vinha sustentando de forma maníaca.

Marcos está na faixa dos 30 anos e recentemente alcançou seu tão desejado posto de diretor em uma empresa multinacional. Sempre foi um aluno exemplar, tendo sido aprovado entre as primeiras colocações no exame vestibular de uma reconhecida universidade. É o mais bem-sucedido entre os irmãos e sempre foi muito popular na escola; conseguiu sustentar um lugar de "bom de bola", mesmo sem gostar muito de jogar futebol, e se destacou também em outros esportes. Sua vida social sempre foi muito agitada, frequentando diferentes grupos de amigos, pelos quais é muito querido e nos quais costuma ocupar um lugar central, de agregador.

No entanto, desde que assumiu o cargo de diretoria, tem sido arrebatado por profundas crises de angústia e sensações de paralisia mental. Por vezes, ao levantar-se para ir ao trabalho, sente-se imobilizado, "incapaz de vestir os sapatos e seguir adiante". Para frequentar as reuniões com a cúpula da empresa, recorria a medicamentos ansiolíticos, já que vinha sofrendo com crises antes e durante tais reuniões, nas quais relata ter sentido um desejo profundo de sair correndo, esconder-se no banheiro ou ir para casa. Com o tempo a experiência de frequentar o ambiente de trabalho foi se tornando muito repulsiva e, após buscar assistência de um psiquiatra, foi diagnosticado com "síndrome de *burnout*". Também deixou de sentir-se confortável nos encontros com amigos e familiares.

Relatava que a sobrecarga com a qual sofria, no entanto, não vinha tanto de um excesso de responsabilidades ou horas de trabalho, mas de uma constante atividade de questionar sua capacidade de ocupar o lugar que alcançou. Uma sensação de fragilidade que o fazia sentir o couro cabeludo e os pelos da nuca eriçados, como um gato constantemente amedrontado.

Ao seu redor, o discurso era sempre o mesmo: "vai ficar tudo bem, você é brilhante". Ou, ainda, "você se cobra demais, mesmo já tendo alcançado tudo o que sempre quis", "não tem nem 40 anos e já está com a vida resolvida". A sensação relatada por Marcos é de que esse discurso não apenas não o acalmava, mas o aterrorizava, reforçando seus temores de perda, incapacidade e impotência.

Com o tempo, foi ficando claro que suas fantasias mais angustiantes tinham a ver com deixar de ocupar o lugar de destaque que sempre ocupou, em todos os contextos em que esteve. Dizia, com frequência: "é muito difícil ter que sustentar tudo isso, ter que ser o bom do trabalho, o bom do tênis, o mais legal dos amigos".

Questionado sobre o porquê da obrigação de sustentar tais posições, um dia respondeu "porque *é uma delícia ser isso tudo*, porque me dá uma sensação de ser realmente alguém especial. E agora já não consigo sentir isso em lugar algum. Me sinto uma pessoa média, medíocre, comum". A queda sentida por Marcos não é uma queda de uma realidade privilegiada para uma realidade mediana, mas uma queda de uma condição neuroticamente megalomaníaca para a realidade em si.

Segundo Money-Kyrle (1965/1995), em casos de pessoas que se sentem injustiçadas pela vida podemos encontrar o mesmo tipo de funcionamento. "Grande parte da suposta injustiça do mundo é sem dúvidas algo deste tipo: um produto da arrogância delirante daqueles que sofrem de um senso de injustiça simplesmente porque desejam ser mais, em certo sentido, do que realmente são" (p. 388).

A arrogância megalomaníaca seria, de alguma forma, endêmica em nossa espécie, tendo seu fundamento no narcisismo, elemento essencial à organização do psiquismo. Um indício disso seria, segundo o autor, o fato de que desde os primórdios nos apropriamos das peles dos animais que admiramos, vestindo-as como se fossem nossas próprias qualidades. Também nossas roupas e outras insígnias do *status* social seriam formas de afirmar nossa superioridade em um determinado grupo humano.

Money-Kyrle (1965/1995) encerra seu texto sobre a megalomania com uma bela consideração:

> *O remédio, é claro, não seria nos privarmos de nossas vestimentas, mas perceber que, assim como as vestes do imperador na história, o manto de grandiosidade com que cobrimos nossas psiquês é um adereço fictício, existindo apenas em nossa imaginação (p. 388).*

Referências e indicações de leitura

Money-Kyrle, R. (1965/1995). Megalomania. In R. Money-Kyrle, *The collected papers of Roger Money-Kyrle* (pp. 9-39). Karnac.

Money-Kyrle, R. (1995). *The collected papers of Roger Money-Kyrle*. Karnac.

RENÉ SPITZ (1887-1974)

20. Crianças com carências afetivas: o hospitalismo

Adela Judith Stoppel de Gueller

Logo depois da Segunda Guerra Mundial, o pediatra e psicanalista austro-húngaro René Spitz circunscreveu um grupo de patologias que designou *doenças de carência afetiva* ou *doenças patogênicas*, decorrentes da ruptura do vínculo principal da criança com seu cuidador sem um substituto adequado: "Na etiologia das doenças de carência afetiva, a personalidade da mãe desempenha um papel menor, pois essas condições resultam da ausência física da mãe" por um período prolongado (Spitz, 1965/1998, p. 271). Em situações de carência afetiva parcial (de menor duração), a criança desenvolvia uma depressão anaclítica e, se a condição de abandono se prolongasse, o quadro se tornava o que Spitz denominou hospitalismo, que implicava um agravamento desse quadro depressivo, podendo chegar ao marasmo e à morte. Até 1945, ninguém havia reconhecido essa configuração psicopatológica na infância.

Spitz (1965/1998) estudou as mudanças psíquicas e somáticas decorrentes das transformações no vínculo da criança com o objeto e, para isso, observou as reações das crianças que eram separadas da mãe durante o primeiro ano de vida: "Quando privamos crianças de suas relações com a mãe, sem proporcionar-lhes um substituto adequado que possam aceitar, nós as privamos de provisões libidinais" (pp. 211-212).

Para frisar o aspecto externo e real da falta de objeto característico da privação e diferenciar o quadro da depressão em adultos, Spitz cunhou a expressão *depressão anaclítica*, que significa *com apoio* num objeto sexual. Por que crianças com depressão anaclítica ou hospitalismo não manifestam pulsões agressivas, como morder, mastigar ou bater? Justamente pela falta de um alvo pulsional – como a mãe ou um substituto para onde dirigir as pulsões. Estas, então, se voltam contra o eu, último objeto a ser desinvestido: a criança pode se atirar contra o berço, arrancar os próprios cabelos, bater-se com as mãos. A perda de apetite ou de peso e a insônia estão em série com esses comportamentos de autoagressão. Se o quadro se agrava, desaparecem também as atividades autoeróticas; a criança parece incapaz até de tomar seu próprio corpo como objeto libidinal.

Ao lado de Winnicott, Bowlby,[12] Anna Freud e Jenny Aubry, Spitz abriu para a psicanálise o campo das privações ambientais e afetivas. A permanência do objeto dá segurança e *confiança*; ele pode ser tanto investido como atacado, permitindo que o sujeito compense frustrações e decepções. Contrariamente, uma longa ausência produz uma ruptura no vínculo da criança com a mãe ou cuidador, principalmente se até ali ela houver estabelecido uma boa relação de pelo menos seis meses com ela.

---

[12] Em 1948, na terceira reunião da Comissão Social das Nações Unidas, resolve-se estudar as necessidades das crianças sem lar, órfãs por causa da Segunda Guerra, ou aquelas que por diversos motivos foram separadas da família e estavam em instituições. A Organização Mundial da Saúde contribuiu com um estudo sobre saúde mental que, em 1950, Bowlby assumiu temporariamente, em diálogo com pesquisadores da Clínica Tavistock (Bowlby, 1964, pp. 8-9).

Spitz observou a evolução do quadro: no primeiro mês de separação, o bebê fica choroso e demandante e tende a se apegar ao pesquisador, quando este consegue estabelecer contato. No segundo mês, o choro começa a se transformar em gemido; o bebê passa a perder peso, e há uma parada no quociente de desenvolvimento.[13] No terceiro mês, rejeita o contato, passa a maior parte do tempo de bruços, tem insônia e perda de peso contínuas e tende a contrair doenças; o atraso motor se generaliza, e tem início uma rigidez facial. Após o terceiro mês de separação, a rigidez facial se fixa, e o choro é substituído por lamúria; o atraso motor dá lugar a uma letargia, e o quociente de desenvolvimento começa a diminuir. Quanto mais precoce e duradoura é a separação, mais irreversíveis são seus efeitos na constituição subjetiva.

Por apresentar sintomas que se parecem muito com os do autismo infantil de Kanner, descrito em 1943, a depressão anaclítica de Spitz requer um diagnóstico diferencial delicado, cuidadoso e demorado, impossível de ser feito por *checklist*. Sami-Ali (1995) chega a afirmar que o autismo é o oposto do hospitalismo por atacar a própria possibilidade de laços, deixando existir apenas objetos sem laço e um corpo que não tem imagem de corpo nem costuma adoecer. Diferentemente, no hospitalismo há um esgotamento do imaginário, cujo correlato é a insônia da qual decorre a impossibilidade de sonhar, resultando em somatizações atestadas pela extraordinária frequência de doenças infecciosas. Só o tempo, uma boa escuta da história de vida e intervenções terapêuticas com a criança e com o cuidador, além de um acompanhamento continuado e caso a caso da evolução, permitem fazer essa importante distinção clínica.

[13] O quociente de desenvolvimento deriva da análise e da maturação de seis aspectos da personalidade: percepção; funções corporais; relações interpessoais; memória e imitação; manipulação de objetos; e desenvolvimento intelectual (Spitz, 1965/1998, p. 22).

Spitz observou também que, quando enfermeiros ou educadores substitutos conduziam de forma anônima e puramente funcional o tratamento de crianças em situação de carência afetiva, o quadro delas piorava. Dessa observação decorreram mudanças na perspectiva dos cuidados com crianças: instituições, hospitais e abrigos deixaram de se referir a elas pelo número de prontuário e passaram a chamá-las pelo nome, além de evitar, sempre que possível, separá-las dos pais em caso de internação, inclusive em UTI. Sabemos agora que os lactentes precisam de um desejo que lhes seja singularmente endereçado, mesmo que, como diz Jenny Aubry (2004), esse desejo personalizado possa ser às vezes negativo. O ódio é preferível à indiferença.

Em 2020 e 2021, a pandemia de covid-19 suspendeu muitas dessas medidas protetivas da infância. O confinamento social e as internações hospitalares separaram pais e crianças por períodos prolongados, bem como interromperam outros vínculos afetivos importantes, como com avós ou colegas de escola e professores, e vimos ressurgirem quadros de depressão anaclítica e hospitalismo. Na volta, depois de 18 meses de afastamento, observaram-se nas escolas *reações agressivas com outras crianças*, como as descritas por Spitz quando as mães retornavam. O fato de os pais trabalharem dentro de casa deixou as crianças apartadas em condições que podem ser chamadas de *hospitalismo em domicílio* (Kreisler, 1999). A falta de disponibilidade dos pais para conversar ou brincar foi suprida com o recurso às telas, que ajudou e acalmou, mas se tornou excessivo e aditivo: as crianças aderiram a elas como os bebês de Spitz ao pesquisador, estabelecendo uma relação ansiosa e dependente. Assim, não deve nos surpreender que tenha aumentado sensivelmente o número de crianças com depressão anaclítica ou hospitalismo, já que durante a pandemia muitíssimas delas sofreram carência afetiva parcial ou total.

Referências e indicações de leitura

Aubry, J. (2004). *Psicanálise de crianças separadas: estudos clínicos.* Companhia de Freud.

Bowlby, J. (1964). *Los cuidados maternos y la salud mental.* Humanitas.

Kreisler, L. (1999). *A nova criança da desordem psicossomática.* Casa do Psicólogo.

Sami-Ali (1995). *Pensar o somático: imaginário e patologia.* Casa do Psicólogo.

Spitz, R. A. (1945). Hospitalism: an inquiry into the genesis of psychiatric conditions in early childhood. *The Psychoanalytic Study of the Child*, *1*(1), 53-74.

Spitz, R. A. (1998). *O primeiro ano de vida.* Martins Fontes.

MICHAEL BALINT (1896-1970)

21. O analista não intrusivo ou o analista não importuno

Débora Gaino Albiero

Um homem de 50 anos de idade, bem posicionado profissionalmente, casado, com filhos jovens, chega para análise. Nas primeiras sessões, as palavras demoram a sair, fala de sua vida pessoal, familiar e profissional. Não sabe muito bem explicar a que veio – sente-se cansado, confuso, insatisfeito. Certa vez, pede para deitar-se no divã. A analista fica em dúvida sobre o pedido, mas pensa que talvez fosse uma via para que pudesse se expressar mais livremente e sem tantos pudores. Ele se deita e emudece. Nenhuma palavra sai de sua boca. A analista, delicadamente, procura sintonizar-se com ele. Vez ou outra interroga seu silêncio, pensamentos e associações. Nada surte efeito. Não se atrasa, não falta. Entra, cumprimenta e se deita no divã. Com o passar das sessões, se vira e se encolhe em posição fetal. E assim fica, por muitos meses.

A analista faz silêncio em si, procura algum contato com o paciente a partir de sua própria subjetividade, de suas associações e, com o tempo, sente que este é o único contato possível e necessário: estar ali, sobrevivendo e presente, silenciosa e esperançosa de que, em algum momento, ele pudesse se expressar por meio de palavras.

Foram necessárias muitas sessões e quase um ano de espera. Até que, um dia, o paciente sai de sua posição fetal, vira de barriga para cima, respira fundo, estica os braços como se estivesse acordando de um sono/sonho profundo, se espreguiça e se põe a dizer. Parecia que estava nascendo, depois de tanto tempo sendo gestado e esperado pacientemente no útero-divã.

A presença delicada, firme, constante e não intrusiva da analista foi ressaltada por ele como fundamental nesse processo, significado como sendo de constituição de sua subjetividade, de possibilidade de sonhar e de estar só, de não ser cobrado em sua produtividade; de ser esperado e não interrompido em seu tempo – tempo este de poder se encontrar consigo mesmo, semanalmente, naquele período da sessão, até que as palavras pudessem ganhar vida e ser compartilhadas em análise.

Michel Balint (1968/2014), em seu livro *A falha básica: aspectos terapêuticos da regressão*, tece considerações teóricas e técnicas sobre a condução do tratamento de pacientes que se encontram em estados regressivos em análise – como esse do fragmento citado. Ele diferencia as regressões malignas das benignas e sugere que estas últimas são importantes de serem vivenciadas na relação terapêutica com o analista, pois acessariam a área da falha básica e, se bem conduzidas, permitiriam ao analisando (e à dupla analista-analisando) um novo começo. Seriam, portanto, parte de um tempo da análise, o qual se atravessa e passa para que as interpretações e a palavra tenham vez e lugar.

Quando o paciente se encontra em estado regressivo – ou quando o trabalho atinge a área da falha básica –, a relação objetal é o fator terapêutico mais importante e confiável, tendo a palavra utilidade limitada e incerta. Já quando o paciente emerge de sua regressão, as interpretações recuperam sua importância (Balint, 1968/2014). Nesses tempos da análise, as palavras não ajudam na comunicação e, por mais que tentemos, são mal-entendidas e mal interpretadas, acabando por aumentar a confusão de línguas entre nós e o paciente. As associações livres (de ambos da dupla) parecem girar em falso e cair sempre no mesmo lugar: são sem vida e repetitivas. Ou seja, percebemos que, para além do nível edípico, as palavras e as interpretações não atingem o efeito esperado: não tornam consciente um conflito recalcado, não fazem com que as associações continuem, não incidem sobre uma resistência ou clivagem, como desejaríamos.

Nessas situações, o tempo é um fator precioso e delicado: precisa ser o do paciente e não o do analista (por mais que este pense, sinta e formule dentro de si diversos apontamentos que poderiam ser compartilhados). Balint (1968/2014) sugere "aceitar sem reservas o fato de que as palavras se tornaram pouco confiáveis, suspendendo sinceramente, *pelo tempo que for necessário*, qualquer tentativa para forçar o paciente a voltar ao nível verbal" (p. 175, grifos nossos). Ou seja, ao analista cabe aceitar a regressão e criar um clima, um ambiente, no qual a dupla possa tolerar a regressão em uma experiência mútua.

No fragmento clínico apresentado, a analista tece em si muitas hipóteses para o silêncio, para a posição fetal, para a impossibilidade de que as palavras sejam veículos de comunicação para este homem. Porém, mesmo que suas interpretações fossem corretas, se comunicadas fora de hora, poderiam ter destruído o silêncio necessário daquele momento – fazendo, talvez, com que o paciente respondesse às demandas dela, mas não permitindo que ele se demorasse em si e "se alcançasse".

Para o analista, as situações regressivas são exigentes. Pedem algo um tanto a mais do que a compreensão da associação verbal e requerem muita sensibilidade, densidade psíquica e tranquilidade para que o analista possa guardar em si o que sente, observa e teria a dizer, e aguardar, abrigando tudo isso em si, até o tempo em que o paciente se torne permeável a escutar.

Dois cuidados são importantes nesses casos: não cair no erro de se tornar onipotente para o paciente e não forçar prematuramente sua saída da área regressiva para a área edípica. É preciso compreender quais as necessidades do paciente – o que ele nos pede e do que precisa naquele momento – e a qual distância podemos e precisamos ficar, de modo a sermos sentidos como presentes, mas sem sermos intrusivos ou invasivos: "A técnica correta enquanto o paciente estiver regressivo é aceitar o acting out na situação analítica como um meio válido de comunicação, sem qualquer tentativa de acelerar sua 'organização' por meio de interpretações" (Balint, 1968/2014, p. 177).

Ou seja, o analista, como no fragmento trazido, deve funcionar como um guardião do enquadre e como um provedor de meio e tempo não exigentes: "Mesmo que o paciente necessite de um entorno, de um mundo de objetos, tais objetos – sobretudo o analista – não devem ser sentidos de alguma maneira como exigentes, interferindo, ou intrusivos, como que reforçando a antiga desigualdade opressiva entre o sujeito e o objeto" (p. 178).

Balint (1968/2014) levanta um problema técnico nessas condições: saber como se oferecer como objeto primário ou como um objeto para que o paciente possa projetar seu amor primário sobre o analista. O analista não precisa se oferecer como esse objeto, mas a situação terapêutica pode ser usada como um substituto do objeto primário (idealmente, isso seria, inclusive, melhor). Oferecer a si ou à situação terapêutica como objeto primário não é o mesmo que ofertar amor primário ao paciente. O fundamental é poder oferecer a si ou à situação analítica para ser investida pelo paciente com o amor primário.

Alguns analistas poderiam se preocupar com o lugar da interpretação nessas análises. Quando e como elas devem ser feitas? Balint (1968/2014) é preciso: "devem ser fornecidas quando o analista tiver certeza [de] que o paciente precisa delas" (p. 178). Enquanto necessário, devemos acompanhar o paciente em sua regressão, tendo em vista que nesses períodos da análise a intenção é que o paciente possa encontrar-se a si mesmo, "sabendo que existe uma cicatriz em si, sua falha básica" (p. 178).

Por fim, vale lembrar também que se ofertar para ser usado como objeto primário ou como um entorno – constante e não intrusivo – é uma importante parte da tarefa terapêutica, mas não toda. O paciente também precisa sentir que o analista pode compreendê-lo, compreender suas necessidades e ser capaz de comunicar sua compreensão.

Referência e indicação de leitura

Balint, M. (1968/2014). *A falha básica: aspectos terapêuticos da regressão.* 2a ed. Zagodoni.

22. Filobatismo

Leonardo Cardoso Portela Câmara

Quando, em psicanálise, falamos em "objetos", estamos nos referindo a pessoas. Algumas teorias psicanalíticas nos levam a ter um interesse muito especial sobre as *relações objetais* dos nossos pacientes, isto é, sobre as relações que eles têm com as outras pessoas, sejam elas do passado ou do presente – especialmente seus genitores e nós próprios. Ficamos atentos para o modo como se relacionam com essas pessoas e, com o tempo, conseguimos identificar alguns padrões na maneira como suas relações interpessoais são formadas, mantidas, modificadas e encerradas.

Entretanto, por atribuirmos uma importância tão grande aos objetos (importância essa totalmente justificável!), talvez tenhamos nos esquecido um pouco de considerar que o mundo com o qual o paciente e nós próprios podemos nos relacionar *emocionalmente* não é formado apenas por pessoas (ou por animais e coisas que *representam* pessoas). Essa constatação é a base para este que é um dos conceitos mais originais de Balint (1959/2018): o de "filobatismo".

Ora, se, diante do mundo, nós podemos estabelecer relações significativas e carregadas de afeto com algo que não seja um objeto, o que seria esse algo? Imagine que várias bolas estão espalhadas em um amplo salão, e considere que tanto as bolas quanto o salão sejam o que consideramos como objetos. O que sobra? O que sobra são os *espaços vazios* – os espaços entre uma bola e outra, e entre elas e o salão. Para Balint (1959/2018), podemos amar os espaços vazios, que carecem de objetos, assim como podemos amar os objetos.

O conceito de filobatismo é proposto por Balint para nos *fazer ver* que há sujeitos cuja vida relacional está predominantemente direcionada para os espaços onde não há objetos (pessoas). Entretanto, ao contrário do que poderíamos supor, não se trata de, com essa categoria, descrever indivíduos com quadros melancólicos, depressivos ou autísticos; também não é um nome alternativo aos léxicos junguianos para designar a personalidade introvertida ou freudiano para ilustrar a retração da libido narcísica; tampouco, enfim, diz respeito a um mecanismo de defesa diante da perda ou de alguma frustração grave na vida objetal.

A imagem que caracteriza melhor o filobata é a do aventureiro, que parte para as regiões inóspitas e pouco exploradas do mundo sem ninguém com quem contar senão consigo próprio e com seu equipamento (Balint, 1959/2018). Quanto menos segurança e mais arriscada a sua empreitada, mais ele se sente à vontade. Ainda que suas jornadas comecem saindo do convívio com as pessoas e terminem com o retorno a elas, os objetos – dos quais ele, não obstante, mantém certa distância – o aborrecem rapidamente. Tão logo retorna à segurança proporcionada pelas outras pessoas, e não importando os perigos ou riscos que tenha enfrentado em sua aventura anterior, o filobata já está se preparando para regressar ao vazio.

É claro que o filobatismo, enquanto forma de estar no mundo, não se reduz a essas experiências que, em nossa linguagem comum, caracterizamos como "radicais". Mesmo na vida cotidiana encontramos sujeitos que preferem os espaços vazios, se não de pessoas, pelo menos de pessoas familiares e conhecidas; que se sentem vivos somente em situações novas e desafiadoras; que se apoiam somente em seus próprios recursos, sendo, portanto, bastante independentes e confiantes, aceitando ajuda de alguém somente sob a condição de que este consinta em ser usado e deixado de lado a qualquer momento.

Todos nós temos uma parcela maior ou menor de filobatismo, a qual pode aparecer com maior intensidade ou, pelo contrário, desaparecer sem deixar rastros diante de certas circunstâncias ou em determinados momentos da vida. Não é raro conhecermos pessoas que, quando estão em um relacionamento sólido e seguro, tornam-se "filobatas", e somente seu rompimento pode fazê-las retornar à sua necessidade anterior de segurança junto a um objeto. Contudo, há pessoas que apresentam o caráter filobático em um grau muito elevado, quase como se fizesse parte de sua "natureza": o que lhes traz segurança é a distância em relação aos objetos, e a impossibilidade de isso ocorrer não tarda a se tornar intolerável (Balint, 1959/2018).

Isso foi precisamente o que levou uma jovem mulher a me procurar para tratamento certa vez. Ela terminara seu casamento e abandonara seu doutorado havia pouco tempo. Ambos os acontecimentos me levaram a acender um alerta quanto ao risco de a paciente romper prematuramente também a relação terapêutica, subtraindo-se desta por força de alguma espécie de compulsão à repetição. Essa profecia revelou-se correta ao cabo de menos de um ano de tratamento, se bem que a maneira como foi enunciada pareceu-me, quando do encerramento do nosso trabalho, um tanto quanto equivocada.

Sua demanda, tal como explicitada nas sessões iniciais, dirigia-se no sentido de "reconstruir sua vida", considerando, dentre outras coisas, a perda de poder aquisitivo. Ela se sentia culpada pelo término do casamento e pelo abandono do doutorado; entretanto, sentia-se ao mesmo tempo livre, como se diante dela houvesse um "quadro em branco". Ao contrário do que amiúde ocorre, não sentia vontade de "tirar o tempo perdido", isto é, de partir para aventuras amorosas das quais tivera de se abster por conta do casamento – mesmo porque o relacionamento se tornara aberto no ano anterior ao divórcio, e somente o marido "gozara" da abertura concedida.

Tal acordo fora estabelecido porque ele reclamava que a paciente era uma pessoa "distante", sendo essa distância interpretada como uma forma de rejeição provocada, por sua vez, pelo cansaço da vida conjugal e pelo fato de ela, na época, ter conhecido novas pessoas no doutorado. O relacionamento aberto acabou revelando-se, bastante cedo, tão somente um meio de ele se "vingar" da esposa. Com efeito, a vulgaridade com que o homem exibia suas experiências converteu o casamento em um cenário de brigas e ressentimento.

Não era necessário ter um grande poder de observação para perceber que a paciente era, de fato, uma pessoa distante. O que exigia, talvez, um pouco mais não de observação, mas de sensibilidade – e uma boa dose de exame das próprias reações contratransferenciais – era perceber que sua distância não podia ser confundida com rejeição nem com alguma forma de menosprezar o objeto. Ela só sentia uma enorme necessidade de ficar sozinha.

Contudo, para ela, ficar sozinha não consistia em recolher-se, imóvel, em algum aposento de sua casa, mas em vagar pelas entranhas da cidade para observar suas construções. Como viemos a entender, o doutorado em arquitetura, que a paciente abandonou na mesma época do divórcio, servira apenas como um "álibi" para preservar sua natureza *flâneur* durante o casamento. Quando adolescente, também lançara mão de álibis semelhantes diante da incapacidade dos pais de reconhecer a tendência filobática da filha. Ela também precisaria criar álibis durante o tratamento, caso eu também interpretasse equivocadamente sua necessidade de ficar sozinha, que se manifestava de diferentes formas – sobretudo por suas ausências.

Com efeito, por um tempo, ela precisou repetir esse expediente na relação terapêutica. Foi somente quando o conceito de filobatismo fez sentido para a leitura do caso é que o álibi pôde ser compreendido e, sobretudo, a paciente pôde ter sua forma de existência reconhecida. Quando ela, efetivamente, encerrou o tratamento, não mais me pareceu adequado dizer que o tivesse abandonado por imposição de uma compulsão à repetição, mas porque já havia conseguido reconstruir o mínimo necessário da sua vida para que pudesse retomar seus movimentos de exploração do mundo.

Referência e indicação de leitura

Balint, M. (1959/2018). *Thrills and regressions*. Routledge.

23. Uma teorização do traumatismo precoce: a falha básica

Thiago da Silva Abrantes

Balint definiu o que chamou de falha básica em seu último livro, *A falha básica: aspectos terapêuticos da regressão*, publicado em 1968. Ele partiu de uma adaptação harmônica e suficiente dos cuidadores ao bebê, promovendo uma constituição subjetiva saudável. O psiquismo, chamado por ele de mente, seria composto por três áreas: a da criação, a edipiana e a da falha básica. Essa última se originaria a partir de um descompasso na adaptação dos cuidadores às necessidades do bebê. Balint (1968/2014) apontou para acontecimentos muito primitivos na história do sujeito com graves consequências para seu desenvolvimento posterior, que se expressavam em sua clínica de modo notadamente distinto dos conflitos edípicos. Segundo ele, os acontecimentos relacionados à falha básica

> *Pertencem essencialmente à área da psicologia bipessoal, sendo mais elementares do que os do nível edípico, com três pessoas. Ademais, não apresentam a estrutura de um conflito. Este é um dos motivos pelos quais propusemos chamá-los de "básicos". Mas por que "falha"?*

> *Em primeiro lugar, porque é exatamente a palavra empregada por muitos pacientes para descrevê-lo. O paciente diz que sente que existe uma falha dentro de si, uma falha que precisa ser corrigida. É sentida como uma falha, não um complexo, conflito ou situação. Em segundo lugar, há um sentimento de que essa falha foi provocada porque alguém falhou ou descuidou-se dele. Em terceiro, essa área é invariavelmente cercada de uma grande angústia (pp. 44-45).*

Nessa citação, observamos toda a genialidade de Balint em construir suas teorizações a partir de sua prática clínica, notadamente influenciada pelo pensamento ferencziano. Vemos aqui que o trauma precoce se originaria de uma falta ou excesso de presença dos cuidadores com o bebê em um momento inicial de sua vida, daí advém o termo *falha*, como um descuido do ambiente em relação aos ajustes, às adaptações e às necessidades *básicas* do bebê, formando, assim, uma continência para dar algum contorno às experiências traumáticas.

Balint nos fala aqui de um trauma anterior ao complexo de Édipo. A origem da falha básica seria "uma considerável discrepância nas fases formativas precoces do indivíduo, entre suas necessidades biopsicológicas e o cuidado material e psicológico, e a afeição disponível em momentos relevantes" (Balint, 1968/2014, p. 45). As consequências seriam significativas: desconfiança em estabelecer relações com os outros e consigo mesmo, de forma que o sujeito viveria cercado de impossibilidades; grande necessidade de contar com os outros e se decepcionar a cada tentativa de contato.

Por isso, ele contrapõe dois níveis de trabalho analítico: o nível edípico ou verbal, no qual as interpretações do analista seriam suficientes e eficazes, pois o sujeito tem a condição para ocupar-se de objetos/relações mais organizados, e o nível da falha básica, no qual a manutenção de um enquadre clássico não é eficaz – seria difícil o sujeito se apropriar do que acontece em sua análise, pois a dinâmica conflituosa não está presente.

A diferenciação entre esses dois níveis é fundamental. O analista saberia que experiências ao nível da falha básica estariam presentes na sessão quando os eventos se polarizassem única e exclusivamente em torno de uma relação bipessoal, com total exclusão de um terceiro. A relação bipessoal constituída, por não haver a presença de um terceiro anterior na história do sujeito, se desenrolaria de modo notadamente diferente de relações bipessoais estabelecidas posteriormente a uma vivência edípica, sendo que o ódio e a extrema necessidade de dependência seriam pontos presentes. Por fim, uma linguagem adulta e fria pode ser ineficaz para descrever as vivências presentes nesse nível.

Também é observado na clínica de pacientes traumatizados precocemente um sentimento de vazio, de futilidade, acompanhados de uma aceitação apática dos acontecimentos de suas vidas, sendo que nenhum sentido do experienciado é criado. O analista precisaria estar muito atento aos movimentos do paciente em estabelecer contato com ele e, caso não seja possível estabelecer alguma relação, angústias persecutórias invadem o sujeito e o analista corre o risco de ser visto como frio, pouco disponível, que agiu assim intencionalmente. A maioria das frustrações é sentida por esses pacientes como má intencionada, uma negligência criminosa para com eles. Situações boas são meras obras do acaso; já as frustações são as provas incontestáveis e irrefutáveis do descaso, do descuido e da indiferença do entorno.

No nível da falha básica, a linguagem adulta perde a credibilidade frente à intensidade de sofrimento desses pacientes, pois as palavras perdem muito de seu significado usual, corrente, por isso outras formas de expressão são valorizadas. O que está em questão durante uma análise dessa ordem não é a resolução de um conflito, mas o preenchimento de uma falha, para, em um segundo momento, haver a possibilidade de estabelecimento de outras relações acompanhadas de possíveis conflitos. Para ver como esses elementos apontados por Balint aparecem na clínica, utilizaremos um caso atendido por Winnicott (1969/1994).

Durante o tratamento de um garoto de 6 anos, Winnicott relatou a maneira súbita como um material surgiu durante uma sessão a partir do desenho de um trem que seu paciente havia feito. Ao terminar, o garoto mudou rapidamente de comportamento, passou a escutar um barulho de explosão, chegou a examinar a sala para ver se não havia gás vazando em algum lugar. Não era possível saber se era uma alucinação ou recordação auditiva. Semelhante ao trem que passava pela estação correndo, o garoto ficou imprevisível, com um comportamento alterado, como se estivesse sendo "destruído" por algo enlouquecedor. Winnicott estabeleceu uma comunicação a partir do desenho, como tentativa de compreender o estado de desamparo que seu paciente atingia quando se via tomado por uma desorganização que não era apenas dele, mas influenciada pelo estado da mãe quando estava em grande sofrimento. Ele conteve o sofrimento do garoto que não era expresso em palavras, uma vez que foi a partir do barulho do trem que a irrupção do traumático aconteceu, preencheu uma presença mais organizadora e, assim, possibilitou ao paciente compreender que a confusão que vivia não era apenas dele.

Diante de traumatismos precoces, seria muito difícil o analista manter um posicionamento mais reservado, pois tais pacientes provocam e produzem reações no analista que não são costumeiras na maioria de seus atendimentos. Há aqui um grande risco de atender em excesso muitas demandas do paciente, entrando assim em uma espiral sem fim em virtude da enorme carência e voracidade desses sujeitos.

O pensamento de Balint a respeito da falha básica sublinha a falta e os problemas na adaptação entre o bebê e seus cuidadores, ponto anteriormente destacado por sua principal referência em psicanálise, Sándor Ferenczi. A formulação da falha básica teoriza sobre as consequências do traumatismo precoce, enfatizando as relações primárias do bebê com seu entorno. Daí a importância de o analista se adaptar às necessidades de seu paciente, buscando uma sintonia que permita que uma análise aconteça, evitando que a situação analítica não seja mais uma situação traumatizante para o sujeito.

Referências e indicações de leitura

Balint, M. (1968/2014). *A falha básica: aspectos terapêuticos da regressão*. Zagodoni.

Winnicott, D. W. (1969/1994). A loucura da mãe tal como aparece no material clínico como fator estranho ao ego. In D. W. Winnicott, *Explorações psicanalíticas*. Artes Médicas.

24. A "substância médico": um convite à apropriação crítica da efetividade da práxis

Wilson Franco

Balint lança mão do conceito de "substância médico" em um livro publicado em 1957, chamado *O médico, seu paciente e a doença*. O livro reflete as experiências de Balint com médicos de família trabalhando nos primeiros anos de operação do sistema de saúde nacional inglês, o NHS, que tinha sido implementado em 1948 e propunha uma concepção de saúde como completo bem-estar físico, mental e social, contando para este fim com médicos de família que acompanhavam o bem-estar geral e clínico dos cidadãos. Como os médicos acompanhavam as famílias periodicamente, as relações médico-paciente ganhavam complexidade, profundidade e intensidade, o que ofereceu a ocasião ideal para a proposta de Balint e o estudo de nosso tema.

A proposta de Balint nesse livro é bastante ambiciosa: trata-se de apresentar o que funda afetivamente o encontro clínico e analisar a dinâmica dessa fundação no transcorrer da relação médico-paciente. Para tanto, Balint analisa a dinâmica básica do encontro entre um médico e um paciente, "dividindo" o encontro em três elementos fundamentais:

1. Em princípio, o paciente leva ao médico uma queixa, que representa um estágio "não organizado" da doença;
2. O paciente tenta, ao longo do processo clínico, "oferecer" ao médico uma doença que ele "aceite" (ou seja: ao longo da interação entre paciente e médico eles "negociam" as queixas, os sintomas, as hipóteses diagnósticas etc. – nesse processo, o paciente vai tentar justamente oferecer ao médico um quadro "compatível" com o que ele sente *e* com o que entende que o médico está "procurando");
3. O médico pode, a cada passo, "aceitar" ou "recusar" a doença "ofertada", bem como, em outros níveis, pode oferecer ou não um diagnóstico e uma proposta de tratamento – mas, independentemente de como agir, ele sempre interagirá com o processo saúde-doença de forma significativa. Ou seja: o médico sempre oferece, em maior ou menor medida, a si mesmo como um elemento significativo da relação entre o paciente e a doença, e opera como um elemento decisivo no processo de "organizar" (e, a partir daí, viver e "perlaborar") a doença.[14]

Pois bem: essa "presença" do clínico, e sua "eficiência" no processo saúde-doença vivido pelo paciente, é justamente o que Balint chama de "substância médico" – daí fica mais claro porque Balint afirma que a substância mais usada na clínica é justamente a "substância médico" (prescreva o que quiser, você sempre estará "prescrevendo" a si mesmo como elemento ativo no processo vivido pelo paciente).

Podemos dizer, portanto, que *a substância médico é, basicamente, o impacto que o médico tem sobre a vida afetiva do doente,*

[14] Vale esclarecer que esses três elementos não estão presentes apenas no primeiro encontro ou no começo do tratamento, sendo retomados e reposicionados ao longo de todo o trabalho da dupla, em termos diversos conforme a relação se desenrola.

ou seja: como o médico interfere no transcurso da relação do paciente com seu sofrimento. Nesse sentido, o médico pode "modular" a posologia e os demais determinantes da administração de "si mesmo enquanto substância", no sentido de ser mais ou menos acolhedor, mais ou menos firme, mais ou menos propenso a conduzir exames físicos etc., mas ele não pode "deixar de estar lá". A discussão de Balint no livro enfatizará a forma como o médico pode adequar a administração de si mesmo enquanto substância pela adesão a estratégias e posicionamentos diante dessa dimensão do encontro clínico e de sua efetividade. Há algumas circunstâncias que Balint entende como claramente perniciosas ao processo (que deveriam ser simplesmente abolidas), e outras que não seriam boas nem ruins em si, mas variariam em um *continuum* em função da dinâmica daquele encontro singular, cabendo ao clínico avaliar, em cada caso, a pertinência e a função da habitação daquela circunstância.

A proposta de Balint e o livro em geral ganharam notoriedade como protótipos do que viriam a ser os "grupos Balint", conduzidos até hoje em diversos grupos e instituições na área da saúde. Independentemente disso, o conceito de "substância médico" tem um interesse específico para a comunidade psicanalítica, na medida em que representa de forma clara e didática os princípios da concepção de transferência e do manejo da transferência conforme concebidos por Balint (profundamente marcados, claro, por sua vinculação às concepções de Ferenczi, seu analista e mentor na psicanálise).

A "administração da substância médico" no encontro entre o clínico e seu paciente, afinal de contas, é basicamente a relação transferencial, de forma que quando Balint discute a "substância médico", ele está discutindo a forma como o clínico deve compreender e se posicionar na relação transferencial. Aqui os ecos do pensamento ferencziano aparecem com força, se pensarmos que Ferenczi discutiu muito, em seus últimos escritos, a responsabilidade dos psicanalistas na sustentação de uma relação transferencial que contribuísse para o pleno desenvolvimento do tratamento e, acima de tudo, que não fosse ocasião para traumatismos; de maneira mais fundamental, Ferenczi preconiza uma compreensão da psicanálise centrada na ideia de uma presença implicada do analista, em contraste com uma pretensa neutralidade e/ou abstinência tendencialmente absolutas, e essas concepções se encontram fortemente presentes na ideia de "substância médico".

Essas questões aparecem com força no contexto da administração da "substância médico" pelo psicanalista: o clínico não consegue "não estar lá", de forma que ele sempre tem um efeito sobre a vida afetiva do paciente e, mais que isso, sobre a relação afetiva do paciente com seu próprio sofrimento; nesse sentido, a omissão não é uma possibilidade, e o posicionamento do clínico pode contribuir ou pode atrapalhar no processo saúde-doença do paciente que o procura, mas não tem como ser indiferente.

Em resumo, a proposta de Balint é que o clínico tente compreender seu papel nos processos de que ele toma parte, e que ele se responsabilize por seu papel nesses processos, inclusive e principalmente do ponto de vista de sua presença e da modulação afetiva do encontro a ela associada (o chamado, que fique claro, é à responsabilização, e não à culpabilização). Isso, evidentemente, valerá para toda forma de posicionamento, não havendo de fato postura que deixe o clínico "a salvo" dessa responsabilidade – "falar o mínimo possível", por exemplo, não é estar ausente da cena (um clínico que encara seu paciente em silêncio tem lá seus efeitos, como todos devem lembrar a partir de suas próprias experiências enquanto pacientes), assim como um clínico que compartilha tudo que lhe ocorre não é necessariamente alguém acolhedor (podendo, pelo contrário, ser alguém envolvido demais consigo mesmo, alguém que satura a cena do encontro com suas próprias ansiedades, alguém que não consegue reter ideias e sentimentos etc.).

"Administrar a substância médico" é algo a ser cuidado, não evitado – conciliando uma posição reservada, sinalizações acolhedoras, um papel de testemunho, a formulação oportuna de uma interpretação, uma postura firme ou acolhedora em relação a uma dificuldade de pagamento... Todos esses gestos clínicos (e muitos outros) estão inscritos na relação transferencial, interagindo com ela e a impactando e, nessa medida, são "substância médico" sendo inoculada na relação do paciente com seu próprio processo saúde-doença; o papel do clínico inclui, portanto, um posicionamento responsável quanto à administração dessa substância, tentando evitar ausências e excessos que prejudiquem o paciente e sua relação com seu processo saúde-doença.

Referência e indicação de leitura

Balint, M. (1957/2005). *O médico, seu paciente e a doença*. Atheneu.

RONALD FAIRBAIRN (1889-1964)

25. Estrutura endopsíquica: a mente povoada por objetos maus

Teo Weingrill Araujo

A primeira apresentação mais sistemática da noção de estrutura endopsíquica se deu no texto "Estrutura endopsíquica considerada em termos das relações de objeto", escrito por Fairbairn em 1944 e inserido posteriormente no único livro do autor que foi publicado em vida. Alguns anos antes, Fairbairn (1940/1952) publicara o texto denominado "Fatores esquizoides da personalidade", no qual as experiências clínicas dele com pacientes esquizoides são descritas.

Os pacientes esquizoides atendidos por Fairbairn foram, invariavelmente, crianças severamente traumatizadas. Chamava a atenção do autor a quase total indisponibilidade, por parte desses pacientes, para estabelecer relações afetivas significativas com os objetos do mundo externo. Na compreensão de Fairbairn, esses pacientes vivenciaram precocemente experiências reiteradas de indisponibilidade, por parte dos pais, para estabelecer uma relação amorosa com eles em uma fase em que a distinção eu-outro ainda não estava bem estabelecida. Como resultado disso, não puderam constituir a confiança no outro, nem na própria capacidade de estabelecer ligações significativas com os objetos do mundo externo. Desse modo, o investimento libidinal, inicialmente dirigido aos pais, voltou-se quase que completamente para dentro.

Os pacientes esquizoides apresentavam, de forma muito acentuada, um aspecto importante do modelo de mente proposto por Fairbairn. Para o autor, todo o psiquismo é constituído em bases esquizoides. Isto é, ali onde há mente, há retraimento, há indisponibilidade para a novidade da relação com o objeto externo. Entretanto, no caso dos pacientes esquizoides, essa indisponibilidade era quase absoluta, de modo que quase todo o investimento libidinal permanecia represado nas relações internas entre as partes cindidas e reprimidas do *self*.

Para uma compreensão mais aprofundada do modelo de mente proposto por Fairbairn, faz-se necessário apresentar algumas ideias do autor sobre o processo de desenvolvimento emocional primitivo (Araujo, 2015). Para ele, desde o início, a principal necessidade emocional do ser humano é amar e se sentir amado. Assim, a criança volta-se para o mundo externo em busca de satisfazer a essa necessidade mais primordial. Desde o início, já há um rudimento de ego capaz de perceber o outro como alguém separado e de se orientar no sentido de estabelecer ligações amorosas com esse outro. Entretanto, inevitavelmente, essa necessidade é frustrada. Os objetos primordiais nunca estão suficientemente disponíveis para receber o amor e ofertá-lo na medida das necessidades da criança. O objeto sempre tem um caráter rejeitador do ponto de vista da criança. Também tem um aspecto hiperexcitante, isto é, promete uma experiência de ligação amorosa e não a cumpre.

O psiquismo, para Fairbairn, se constitui como reação aos traumas inevitáveis na relação com os objetos: sentir-se desamparado, abandonado, rejeitado ou ver-se seduzido por uma promessa de ligação com um objeto poderoso que, no entanto, acaba por não se cumprir. A morte psíquica para Fairbairn é se ver incapaz de satisfazer *à* necessidade de estabelecer ligações amorosas com os objetos. É contra o risco de cair no vazio que o bebê começa a lançar mão de mecanismos de defesa muito primitivos, especialmente a cisão do ego e do objeto.

Didaticamente, poderíamos afirmar que as primeiras defesas das quais o indivíduo lança mão ao deparar com situações traumáticas são a cisão entre o interno e o externo e a introjeção de aspectos do mundo externo para o mundo interno. A partir delas, ele reduz o significado emocional de tudo aquilo que é externo e passa a se relacionar com o agente causador das experiências traumáticas como se ele fosse interno. Esse processo de introjetar os objetos externos e, especialmente, os aspectos rejeitadores e frustrantes desses objetos cumpre a função de fazer com que o indivíduo deixe de estar à mercê das imprevisibilidades advindas do mundo externo.

Após a introjeção dos aspectos maus dos objetos, o indivíduo lança mão novamente do mecanismo de cisão, dessa vez para promover a separação entre os aspectos rejeitadores dos objetos, aos quais as partes rejeitadas do *self* permanecem libidinalmente ligadas, e os conteúdos valiosos que foram introjetados e os ímpetos libidinais dirigidos a eles. Essa é a ideia básica que está por trás do modelo de estrutura endopsíquica proposta por Fairbairn (1944/1952): o amor e o ódio inicialmente dirigidos à mãe passam a imantar um mundo interno composto por objetos maravilhosos e excitantes, de um lado, e destrutivos e rejeitadores, de outro.

Para Fairbairn, a organização de uma estrutura endopsíquica é a maneira possível de o indivíduo se constituir às voltas com os desencontros traumáticos que caracterizam a situação de dependência infantil. Nessa estrutura, ele conquista alguma estabilidade ao descolar do ego central as suas partes traumatizadas e ao estancar a busca pelos objetos do mundo externo por meio de um intenso investimento libidinal nos objetos maus internalizados.

Em vez do triunvirato do modelo estrutural de Freud, composto por ego, id e superego, Fairbairn concebe que a mente é composta por uma coleção mais extensa de partes. De um lado, há o objeto excitante, ao qual se liga o ego libidinal. A modalidade de relação que estabelecem é baseada numa promessa grandiosa de encontro amoroso que, no entanto, nunca se concretiza. De outro lado, há o objeto rejeitador, ao qual se liga o aspecto rejeitado do *self*. O ressentimento é uma das forças que mantém viva essa ligação. Por fim, há o ego central, que mantém contato com a realidade externa e a capacidade de desfrutar das ligações com os objetos externos e tenta, a todo custo, manter sob repressão os objetos maus e as partes do *self* que se mantêm ligadas emocionalmente a esses objetos.

A noção de estrutura endopsíquica proposta por Fairbairn é um modelo de mente em que partes cindidas e reprimidas do *self*, constituídas a partir de experiências traumáticas inevitáveis vividas pela criança na relação de dependência com os seus objetos primordiais (pais ou cuidadores), entram em relações de objeto entre si. Desse modo, nos termos de Ogden (2010), Fairbairn desenvolve um modelo de mente que incorpora, em sua própria estrutura, uma conceituação do desenvolvimento psíquico inicial. A mente, tal como concebida por Fairbairn, se constitui em resposta às experiências traumáticas vividas nas relações de dependência e é necessariamente patológica. Isso justifica a afirmação de Figueiredo (2003) de que, quando analisamos a obra de Fairbairn, a compreensão das psicopatologias não é um capítulo dentro de uma teoria psicanalítica geral, porque ele propõe uma investigação das origens e da natureza psicopatológica da vida mental em sua universalidade.

Referências e indicações de leitura

Araujo, T. W. (2015). *Fairbairn*. Casa do Psicólogo.

Fairbairn, W. D. R. (1940/1952). Schizoid factors in the personality. In W. D. R. Fairbairn, *Psychoanalytic studies of the personality* (pp. 3-27). Tavistock.

Fairbairn, W. D. R. (1944/1952). Endopsychic structure considered in terms of object-relations. In W. D. R. Fairbairn, *Psychoanalytic studies of the personality* (pp. 82 - 136). Tavistock.

Fairbairn, W. D. R. (1952/1980). *Estudos psicanalíticos da personalidade*. Interamericana.

Figueiredo, L. C. (2003). Subjetivação e esquizoidia na contemporaneidade: questões metapsicológicas. In L. C. Figueiredo, *Psicanálise: elementos para a clínica contemporânea* (pp. 43-60). Escuta.

Ogden, T. (2010). Why read Fairbairn? *International Journal of Psychoanalysis*, 91, 101-118.

PAULA HEIMANN (1899-1982)

26. Contratransferência: um instrumento para a compreensão da experiência emocional do analisando

Eduardo Fraga de Almeida Prado

A relação analítica, isto é, aquela estabelecida entre analisando e analista, traz consigo algumas especificidades. Dentre estas, destaca-se o fato de que se encontra alicerçada sobre a dinâmica transferencial. Pode-se compreender a transferência como a repetição – junto à figura do analista – de aspectos da vida afetivo-emocional do analisando que ainda necessitam de elaboração; já por contratransferência compreende-se as respostas afetivo-emocionais, conscientes e inconscientes, do analista relacionadas aos conteúdos que lhe foram transferidos (Laplanche & Pontalis, 1967/2001).

Para que a contratransferência possa auxiliar na compreensão daquilo que se passa no mundo mental do analisando, faz-se necessário que o analista possa entrar em contato e acolher todos os sentimentos que emergem em seu aparelho psíquico durante a sessão analítica. Caso o analista considere que os sentimentos não estão diretamente relacionados à sessão, estes não deverão ser utilizados para compreensão do analisando. Portanto, é imprescindível que o analista possua a capacidade de discriminar aquilo que é produzido pelo par analítico daquilo que deriva das suas experiências emocionais particulares.

Como preconizado por Freud (1912/1996) ao definir a escuta igualmente flutuante como a estratégia que o analista deve adotar durante a situação analisante, os sentimentos contratransferenciais devem ser visitados dessa mesma forma, isto é, caberá ao analista "flanar" sobre tais sentimentos, sem privilegiar de forma demasiada nenhum deles, sob o risco de ensurdecer para uma dinâmica afetiva mais rica e plural. Isto posto, surge a questão: quando, como e o que devemos comunicar ao analisando a respeito dos fenômenos contratransferenciais?

Paula Heimann constrói seu pensamento sobre a contratransferência a partir de um fenômeno peculiar que lhe despertou a atenção na Sociedade Britânica de Psicanálise. Tratava-se da crença difundida entre os analistas de que a contratransferência estaria exclusivamente a serviço das resistências à análise, dado que, a partir dela, o analista colocaria em xeque sua pretensa neutralidade. A crença seria a de que "um bom analista não sente por seus analisados nada além de uma leve e uniforme benevolência e a menor ondulação provocada nesta suave superfície representaria uma perturbação a ser superada" (Heimann, 1950, p. 81, tradução nossa).

Discordando dessa crença, a autora defende o argumento de que a contratransferência, isto é, "a resposta emocional do analista ao seu paciente, na situação analítica, representa uma das ferramentas mais importantes para seu trabalho. A contratransferência do analista é um instrumento de investigação dirigido ao inconsciente do paciente" (Heimann, 1950, p. 83, tradução nossa).

Para a psicanalista, um dos principais objetivos da análise pessoal do analista residiria em ofertar a este a oportunidade de acolher e refletir sobre os sentimentos que lhe são suscitados durante seus atendimentos e utilizá-los a favor do processo analítico ao invés de atuá-los, dificultando o bom andamento da análise por conta de sua parca capacidade de continência emocional. "Se um analista trabalhar sem consultar seus sentimentos, suas interpretações são pobres" (Heimann, 1950, p. 83, tradução nossa).

Um excerto clínico poderá auxiliar a compreensão daquilo postulado pela autora. Fabiana (nome fictício) é filha primogênita e tem uma irmã quatro anos mais nova. Seu pai faleceu precocemente de uma enfermidade quando Fabiana contava 15 anos. Diante da fragilidade da figura materna e da precocidade da idade da caçula, o pai, preocupado com o futuro de ambas, escreve uma carta à primogênita pedindo-lhe que seja responsável e cuide tanto da irmã quanto da mãe.

Fabiana esteve em análise comigo por cinco anos. Os relatos em sessão incidiam principalmente sobre seus relacionamentos afetivos e sua vida profissional. Ela namorava uma figura pública, no entanto, buscava manter sua discrição, participando de poucos eventos junto a seu namorado. Quanto à vida profissional, sua trajetória manteve-se em uma constante ascensão no período em que esteve sob meus cuidados. Tendo iniciado em um cargo no funcionalismo público de menor reconhecimento, foi posteriormente aprovada em um cargo público derivado de um dos concursos mais concorridos do país.

Acompanhei esse processo escutando as conquistas de Fabiana, tributárias de seu empenho e sua dedicação. Ela trabalhava durante o dia e estudava no período noturno. Aos finais de semana, encontrava o namorado e, nessa rotina atribulada, telefonava ao menos três vezes por semana para a mãe e a irmã, que residiam em outro estado.

Na data em que soube da aprovação no concurso público de extrema concorrência, Fabiana encaminhou-me mensagem de texto pelo celular e admito que fiquei contente com o sucesso obtido após tamanho esforço que tive oportunidade de testemunhar. Na sessão,

Fabiana trouxe a carta – que até então eu desconhecia – e, de forma emocionada, leu-a para o analista destacando os trechos em que o pai lhe pedia para cuidar da mãe e da irmã. Fabiana considerava que sua aprovação finalmente correspondia à solicitação paterna.

Penso ser importante destacar minhas reações contratransferenciais ao escutar a leitura da carta. Em se tratando da primeira sessão após a ciência da aprovação de Fabiana, de antemão, meu estado emocional era de leveza e alegria pela conquista da analisanda. A analisanda iniciou a leitura da carta, sua voz tornou-se embargada e ela continuou a leitura chorando, por vezes, de forma copiosa, destacando os pedidos do pai e relatando seus sentimentos de ter dado o primeiro e mais importante passo para prestar os melhores cuidados possíveis para a mãe e a irmã.

Diante da leitura da carta, passei de um estado emocional de leveza e alegria para um de profunda comoção. Percebi meus olhos ficando marejados com o relato, minha vontade foi destacar o sucesso de Fabiana, dizer-lhe de sua grande conquista e garantir-lhe a certeza de que seu pai se encontrava orgulhoso dela. Evidentemente tais afetos contratransferenciais derivavam de uma identificação com o relato de Fabiana e, por conseguinte, com o material que fora transferido para a figura do analista.

Buscando, em um primeiro momento, acolher todo esse material e, posteriormente, contê-lo e discriminá-lo, tal como nos ensinou Heimann, procurei não atuar esses aspectos contratransferenciais nem parabenizar ou elogiar Fabiana; ao contrário, após discriminar os aspectos que não derivavam exclusivamente de meu mundo mental, comuniquei à analisanda que a leitura da carta poderia representar sua tentativa de sanar uma dívida (em fantasia) que acreditava possuir com seu falecido pai. Isto é, procurei não atuar a partir do conteúdo manifesto da carta, mas explorar – a partir da contratransferência – as fantasias latentes que ainda necessitavam de elaboração e que "justificavam" a leitura da carta na sessão. Penso que os sentimentos contratransferenciais configuraram uma ferramenta para a compreensão de aspectos inconscientes de Fabiana e nos apontaram um norte para o tratamento e a emergência de novos conteúdos a serem trabalhados.

Referências e indicações de leitura

Freud, S. (1912/1996). Recomendações aos médicos que exercem a psicanálise. In S. Freud, *Edição Standard Brasileira das Obras Completas de Sigmund Freud* (Vol. XII). Imago.

Heimann, P. (1950). On countertransference. *International Journal of Psychoanalysis*, *31*, 81-84.

Heimann, P. (1960). Countertransference. *British Journal of Medical Psychology*, *33*, 9-15.

Laplanche, J., & Pontalis, J.-B. (1967/2001). *Vocabulário da Psicanálise*. 4a ed. Martins Fontes.

ERICH FROMM (1900-1980)

27. O caráter social

Hélio Cardoso de Miranda Júnior

O conceito de caráter social, pela própria combinação dessas duas palavras, mostra sua origem na interseção entre as questões subjetivas derivadas das postulações freudianas sobre o inconsciente e as questões sociológicas e filosóficas, sobretudo marxistas, que procuraram realizar os intelectuais da Escola de Frankfurt, da qual participou ativamente Erich Fromm.

Fromm parte da ideia de que há uma natureza humana distinta da natureza animal, pois o ser humano desenvolveu a razão, a liberdade e a capacidade de dar sentido à sua existência. Esse afastamento da harmonia com a natureza, que seria expressa pela mecanicidade do comportamento animal, criou necessidades específicas no ser humano, como as de identidade, enraizamento (ou pertencimento), relacionamento e transcendência. Essas necessidades são contempladas pelos arranjos que a sociedade e a cultura produzem e que, dessa forma, determinam a maneira como a natureza humana se manifesta em cada lugar e época.

Assim, a personalidade humana seria determinada por duas dimensões: o temperamento – a forma e a intensidade da reação do indivíduo às experiências que vive, cuja determinação é constitutiva, inata –, e o caráter – formado pelas experiências de cada indivíduo desde a infância e que determina padrões relativamente estáveis pelos quais a pessoa reage (pensa, sente, age) em relação a situações e acontecimentos.

As experiências que formam o caráter estão diretamente relacionadas com a organização das relações humanas em cada sociedade, o que implica aspectos sociológicos, econômicos e culturais. A estrutura dessa organização (ou desses arranjos) está sistematizada de forma a possibilitar a vivência de algumas experiências em detrimento de outras e é isso que compõe o caráter social. Para Fromm, a família e os sistemas educacionais são fundamentais nesse processo.

Nesse sentido, cada cultura estabelece os padrões que compõem o caráter social que servirá para moldar as experiências de cada indivíduo e a formação de seu caráter pessoal, a fim de que ele se comporte de maneira a manter a sociedade em determinada forma de funcionamento. Um exemplo simples indicado por Fromm: a necessidade de trabalhar, de ser pontual e de manter a ordem foi transformada em impulso interno nos indivíduos, o que significa que a sociedade teve de produzir um caráter social a que esses impulsos fossem inerentes.

Então, por um lado, há um caráter individual, que tem uma dimensão inconsciente e guia as reações de cada pessoa, e, por outro, há um caráter social, que condiciona as possibilidades da experiência individual moldando o caráter individual.

Aqui se encontra a crítica de Fromm à organização social e econômica, pois, na sociedade guiada pela produção e pelo consumo, os arranjos sociais e econômicos que determinam as orientações que fazem parte do processo de formação do caráter dos indivíduos podem levar ao desenvolvimento (fixação, estabilização) de traços, como masoquismo, sadismo e conformismo. Esses traços são chamados por Fromm de orientações improdutivas, pois ceifam a possibilidade de o ser humano se desenvolver e atingir a integridade de seu potencial. Essa posição crítica em relação à organização social fez parte de toda a obra de Fromm.

Na prática dos atendimentos clínicos, Fromm se contrapôs às indicações e às regulamentações da Associação Psicanalítica Internacional (IPA), mantendo, por exemplo, a prática do atendimento face a face sem o uso do divã. Também realizou atendimentos em grupo.

Apesar de o caso clínico não ser foco da atenção de Fromm, pode-se compreender que sua clínica tinha como um de seus pontos fundamentais a questão do caráter, cuja função é possibilitar que o indivíduo aja de acordo com o que é necessário a ele, do ponto de vista prático, e proporcionar satisfação psicológica nas atividades que realiza. Como dito antes, esse caráter, formado desde as primeiras experiências infantis, produz certos padrões de reação, mas é, segundo Fromm, modificável em parte por novas experiências que permitam novos discernimentos.

Assim, à medida que reconheça seus problemas no vínculo estabelecido entre seu caráter e o caráter social que forneceu as condições para moldá-lo, o indivíduo pode estar ciente de seu inconsciente, alcançar um senso de identidade relacionado à autenticidade de seu ser e se relacionar com os outros sem precisar abrir mão de sua liberdade. Isso se relaciona à capacidade de amar.

Para entender a aplicação desse conceito na prática clínica, vamos tomar como exemplo a situação de um paciente que busca atendimento com a queixa de se sentir fracassado por não alcançar seus objetivos profissionais e perceber que não consegue manter suas relações amorosas por muito tempo ou se sentir realizado com elas. Uma queixa bastante comum, na verdade. Tendo como chave de leitura o conceito de caráter social, podemos compreender que o psicanalista, para Fromm, não deve se restringir às questões freudianas concernentes à relação entre a queixa, o sofrimento e as fantasias relacionadas ao complexo de Édipo e à sexualidade infantil. O conflito vivido pelo paciente diz respeito ao que formou seu caráter e que aparece como a necessidade de corresponder aos padrões sociais internalizados (o caráter social) relativos ao trabalho e ao amor. Tanto os próprios padrões quanto a necessidade de corresponder a eles devem ser questionados – pois são falsas soluções – a fim de que o paciente exerça sua liberdade e encontre sua autenticidade, mesmo nos limites impostos pela própria organização social. O psicanalista, assim, tem uma atitude ativa e dirige o paciente para enfrentar seus conflitos e experimentar o que Fromm entende como sua realidade inconsciente, mobilizando seus impulsos para maiores integração e produtividade (Tauber, 1976).

Nota-se que Fromm deu ênfase a ideias humanistas em sua obra e em sua prática clínica. Mesmo que seu conceito de caráter tenha origem na leitura frankfurtiana na interseção da psicanálise freudiana com a filosofia marxista, é marcante a influência do humanismo existencialista em suas críticas da sociedade e proposições de intervenção. Sua concepção de que o vazio do instinto animal, a ser preenchido pelo caráter, poderia ter como orientações a liberdade, a autenticidade e o respeito pela vida produtiva – em suma, o amor como forma de vida plena, transcendente – indica claramente seus ideais humanistas.

Contudo, em termos amplos, pouco adianta possibilitar a cada indivíduo atendido a modificação de sua vida em direção ao potencial que ela possui, pois, a mudança que pode ser efetiva para todos depende da modificação do caráter social e, portanto, das condições sociais, morais e econômicas que organizam a sociedade e o determinam.

Dessa forma, podemos compreender que Fromm seja mais citado por psicoterapeutas alinhados com o campo chamado existencial-humanista que por psicanalistas. Em relação ao campo psicanalítico, Fromm é localizado junto aos autores denominados "culturalistas", grupo assim caracterizado por ter deslocado as questões freudianas da determinação inconsciente pessoal dos sintomas e sofrimentos para as organizações sociais e culturais, diminuindo a importância de vários conceitos considerados fundamentais por grande parte dos psicanalistas, como instinto (ou pulsão, dependendo da opção de tradução) e complexo de Édipo.

Referências e indicações de leitura

Fromm, E. (1941/1974). *O medo à liberdade.* Jorge Zahar.

Fromm, E. (1947/1983). *Análise do homem.* Jorge Zahar.

Fromm, E. (1955/1963). *Psicanálise da sociedade contemporânea.* Jorge Zahar.

Tauber, E. S. (1976). Sobre Erich Fromm. In B. Landis, & E. S. Tauber (Orgs.), *Erich Fromm: psicoanálisis y sociedad* (pp. 19-28). Paidós.

JOSÉ BLEGER (1922-1972)

28. Dissociação instrumental e a sustentação da escuta analítica

Eduardo Fraga de Almeida Prado

Sigmund Freud estabeleceu premissas para que um tratamento psicanalítico ocorra. Dentre elas, destaco a necessidade de uma comunicação minimamente eficaz entre analisando e analista marcada pela associação livre por parte do primeiro e escuta igualmente flutuante por parte do segundo. Sublinho, no entanto, que a comunicação entre o par analítico não se restringe aos conteúdos verbais ou manifestos, haja vista que conteúdos não verbais, como estados afetivos e emocionais, ou mesmo latentes, também são comunicados ao serem projetados para dentro da mente do analista.

José Bleger, psicanalista e psicólogo institucional, exerceu sua prática a partir do que denominou método clínico, tanto no contexto de sua prática privada quanto no das instituições. Desde já, cabe destacar que o método clínico, na acepção psicanalítica, encontra suas bases em um tipo de escuta qualificada e orientada para os conteúdos latentes e manifestos presentes em qualquer relato de um sujeito em análise ou em uma dinâmica institucional (Figueiredo, 1996).

Partindo dessas mesmas premissas e com o objetivo de elaborar hipóteses diagnósticas para posterior intervenção, o psicanalista argentino defende que toda instituição possui conteúdos manifestos (objetivos explícitos) e conteúdos latentes (objetivos implícitos), cabendo ao psicólogo saber que sempre o motivo de uma consulta não é o problema e sim um sintoma do mesmo" (Bleger, 1973/1984, p. 41). O psicólogo deve estar ciente de que

> *sua participação numa instituição promove ansiedades de tipos e graus diferentes e que o manejo das resistências, contradições e ambiguidades* forma parte, infalivelmente, de sua tarefa . . . *[Nesse sentido] o psicólogo pode-se definir como um técnico da relação interpessoal ou como um técnico dos vínculos humanos e, pode se dizer também, que é o técnico da explicitação do implícito (Bleger, 1973/1984, pp. 42-43, grifos do original).*

Naquilo que toca ao método do trabalho, este se encontra alicerçado em uma prática investigativa que, por sua vez, erige-se sobre o método clínico e, como destacado anteriormente, "dentro do método clínico guiamo-nos pela sistemática do enquadramento introduzido pela técnica psicanalítica" (Bleger, 1973/1984, p. 46). Ressalta-se que o método clínico "se caracteriza por uma observação detalhada, cuidadosa e completa, realizada em um enquadramento rigoroso; este enquadramento pode se definir como um conjunto das condições nas quais se realiza a observação" (Bleger, 1973/1984, p. 46).

Destaca o autor que, para que a observação possa ocorrer de forma condizente com os pressupostos do enquadre, caberá ao psicólogo

> *cumprir com o que chamaremos de atitude clínica, que consiste no manejo de um certo grau de* dissociação instrumental *que lhe permita, por um lado, identificar-se com os acontecimentos ou pessoas, mas que, por outro lado, lhe possibilite manter com eles uma certa distância que faça com que não se veja pessoalmente implicado nos acontecimentos que devem ser estudados e que seu papel específico não seja abandonado.* A atitude clínica forma parte do papel do psicólogo e o mantê-lo permanentemente em sua tarefa é uma das exigências fundamentais do enquadramento *(Bleger, 1973/1984, pp. 47-48, grifos meus).*

No contexto da análise pessoal, Bleger articula a dissociação instrumental com a capacidade de escuta do analista. Para ele, o analista "deve estar dissociado: em parte atuar com uma identificação projetiva . . . e em parte, permanecer fora desta identificação, observando e controlando o que ocorre, de maneira a graduar o impacto emocional e a desorganização ansiosa" (Bleger, 1979/2007, p. 28). Penso que o caráter *instrumental* da dissociação remete ao fato de que esta deverá ser utilizada como instrumento técnico do analista – *graduando o impacto emocional e a desorganização ansiosa* – com o objetivo de sustentar sua capacidade de escuta e, portanto, de direção do tratamento do analisando.

Uma vinheta clínica auxiliará a compreender os argumentos expostos, de quando realizei estágio voluntário no ambulatório de Saúde Geral da Universidade Federal de São Paulo (Unifesp) e efetuei atendimentos de orientação psicanalítica aos usuários do serviço.

Maria, uma senhora com 55-60 anos, relatou-me intenso sentimento de culpa por, há mais de 30 anos, ter entregado seu único filho para adoção. Sua dor era intensa e inferi que ela se encontrava em uma dinâmica psíquica de caráter melancólico, vivenciando, de forma profunda, a dor da separação de seu único filho. Semanalmente Maria chorava copiosamente nas sessões pelo "mal que causara" ao filho por "abandoná-lo".

Fiquei extremamente impactado com o relato de Maria. O sofrimento verbalizado era profundo, mas para além – ou aquém – deste era quase insuportável permanecer na sessão com ela. Havia também um sofrimento de outra ordem, que eu não conseguia traduzir, e constantemente sentia meus olhos marejados, identificado com a dor dela. Minha primeira tentativa de lidar com a situação residiu em realizar uma estratégia terapêutica suportiva, insistindo em uma inversão especular do material verbalizado, isto é, diante de seu intenso sentimento de culpa, ressaltei repetidas vezes que Maria havia, de fato, concedido ao filho a oportunidade de ter uma vida com maior conforto e oportunidades do que poderia ter desfrutado ao lado da mãe, dadas as condições emocionais e materiais da vida de Maria na ocasião do nascimento do filho.

Minha insistência nessa estratégia terapêutica mostrou-se equivocada. Identificado ao sofrimento de Maria, testemunhar seu martírio nas sessões tornou-se insuportável, no entanto, reiterar que o filho poderia encontrar-se em melhores condições apenas contribuiu para silenciar os conteúdos verbais e não verbais que necessitavam de elaboração. Recordo que, em dada sessão, diante da surdez de seu analista, Maria indagou: "Mas por que não posso sentir-me culpada pelo que fiz?".

O pedido da analisanda despertou-me de minha surdez e compreendi que seria imprescindível afastar-me minimamente de sua dor para que Maria pudesse se beneficiar do processo analítico. Nesse cenário, recorri ao recurso técnico instituído por Bleger e, quando me flagrava aproximando-me demais do sofrimento de minha analisanda, valia-me da dissociação instrumental enquanto recurso técnico para sustentar minha capacidade de escuta. Dito de outra forma, busquei ativamente a promoção de um estado mental minimamente distante de sua dor para que, ainda sustentando minha capacidade empática, pudesse reconhecer que aquela dor era dela e que caberia a Maria elaborá-la no contexto terapêutico.

Recordando-me desse tratamento, penso que foi sua esperança em ser compreendida e em elaborar sua dor que levou Maria a insistir que seu sentimento de culpa deveria encontrar guarida no contexto terapêutico, aliás, este foi o pedido endereçado ao analista quando encontrava-me incapaz de escutá-la. Maria, obrigado pelos ensinamentos.

Referências e indicações de leitura

Bleger, J. (1973/1984). *Psico-higiene e psicologia institucional.* Artmed.

Bleger, J. (1979/2007). *Temas de psicologia: entrevista e grupos.* Martins Fontes.

Figueiredo, L. C. M. (1996). *Revisitando as psicologias.* 8a ed. Vozes.

29. O enquadre

Pablo Castanho

Bleger apresenta sua concepção de enquadre (ou "enquadramento", se não for favorável ao neologismo) em 1967, no capítulo "Psicanálise do enquadre psicanalítico" do livro *Simbiose e ambiguidade*. O conceito é formulado como um desdobramento dos estudos do autor sobre a simbiose. Para o autor, seria a simbiose com o corpo materno que se atualizaria no enquadre analítico. O autor dará outro passo importantíssimo ao observar que essa atualização se daria em todas as relações sociais que se tornam constantes, propondo a equivalência entre o enquadre e as instituições sociais.

Ao definir o termo enquadre, José Bleger se refere inicialmente às categorias que se mantêm constantes no tratamento psicanalítico: "papel do analista, o conjunto de fatores espaço-temporais (ambiente) e parte da técnica (na qual se inclui o estabelecimento e a manutenção de horários, honorários, interrupções regradas etc.)" (Bleger, 1967/1997, p. 237). Nessa linha, Bleger distingue o enquadre da concepção winnicottiana de *setting*, justamente pelo fato de a primeira não incluir a noção de processo.

As vinhetas de atendimento apresentadas por Bleger permitem ao autor observar que pequenas mudanças nas constâncias do atendimento suscitam efeitos psíquicos intensos, aparentemente desproporcionais. Bleger entende que isso ocorre "porque nestas rupturas . . . se produz uma 'rachadura' pela qual se introduz a realidade, que resulta catastrófica para o paciente: 'seu enquadramento', seu 'mundo fantasma' ficam sem depositário" (Bleger, 1967/1997, p. 243).

A referência ao "seu enquadramento" explicita que o fenômeno que analisa implica uma coincidência entre o enquadre como regularidade relacional e como formação intrapsíquica do sujeito. Isso explicaria por que uma mesma alteração na relação analítica pode ser vivida como quebra de enquadre para alguns pacientes e outros não. Afinal, lembremos, é a fusão com o corpo materno que se atualiza sobre o enquadre analítico, o que, aliás, permitiria que ela fosse trabalhada.

A possibilidade de trabalhar essa fusão pressupõe algum grau de quebra do enquadre como necessário ao processo analítico. Bleger remete à relação da criança com os pais para argumentar que uma constância que dura em demasia é negativa. Nessa perspectiva, temos a compreensão de que pequenas inconstâncias no processo analítico (Figueiredo, 2011) sejam fundamentais para mantê-lo vitalizado.

Se o trabalho analítico bipessoal é fundamental na elaboração do conceito, seu valor clínico pode ser constatado em diferentes modalidades de atendimento, incluindo práticas institucionais e comunitárias e leituras do social. Exploremos essa versatilidade a partir de algumas vinhetas.

Comecemos com um caso de atendimento bipessoal. O analisando chega na consulta e é recebido com um olhar surpreso da secretária, que pede que aguarde. Em pouco tempo a secretária lhe informa que deve ter existido um mal-entendido, pois ele não teria um horário agendado naquele dia. Se quisesse, ele poderia aguardar a consulta em curso terminar e conversar no intervalo com o analista. O analisando aguarda, não pode fazer de outro jeito, está perdido. Lembra-se muito bem do momento em que agendou o horário extra. Mas ao mesmo tempo acredita que deve ter se equivocado. Pondera que, se é possível se enganar sobre algo que é fonte de tanta certeza, outras de suas convicções devem estar igualmente erradas. Talvez não seja quem pensa ser, ou ainda, um pensamento mais radical, sua crença de estar vivo pode ser apenas outro engano.... Ao ser chamado pelo analista, lhe conta esses pensamentos que o atormentam. O analista assume o erro e reafirma a continuidade do trabalho nas próximas sessões. O analisando surpreende-se com o pronto desaparecimento do incômodo. A intensidade e a natureza dos afetos despertados no analisando indicam que houve quebra no enquadre. Com o tempo, será possível analisar e compreender melhor o que emergiu nesse episódio. A cada ruptura de enquadre, quando é possível restabelecê-lo, há a possibilidade de se debruçar sobre o material que emerge, que de outro modo permaneceria inanalisável.

O conceito de enquadre vem sendo evocado por muitos para compreensão de obstáculos para a mudança nas organizações. Notemos que, em Bleger, a mudança não é oposta à permanência, havendo entre elas uma relação de figura e fundo. Para que haja processo é necessário um não processo. Assim, possibilitar mudanças em organizações é permitir que haja uma migração de um depósito (da organização tal como estava estruturada) para outro. Muitas vezes, em diferentes estratégias de análise institucional, os dispositivos ofertados aos trabalhadores são concebidos como depósito psíquico frente ao desalojamento que as mudanças organizacionais em curso promovem. Pode-se, por exemplo, instituir grupos nos quais os trabalhadores conversam sobre o que sentem durante um período de reestruturação dos serviços, de modo que tais grupos são frequentemente investidos como um novo enquadre, ou um enquadre de transição em meio às mudanças da organização.

O advento da pandemia de covid-19 nos permite um exemplo de aplicação social do conceito. De fato, com o início do isolamento social em março de 2020, muitas regularidades foram rompidas, ocorrendo uma quebra generalizada de enquadres. Compreendemos que parte das ansiedades e das fortes angústias desse momento inicial estaria ligada ao desalojamento de elementos psíquicos arcaicos. Nesse momento, muitas vezes a busca por ajuda de profissionais da psicologia e da psicanálise se dava como uma busca por depósitos. De fato, acompanhamos muitos profissionais em serviços de apoio perplexos com pacientes novos que sumiam após um primeiro contato muito intenso. Entendemos que muitas vezes a demanda não era por elaboração, mas por um lugar onde depositar aquilo que havia sido desalojado, depósito necessário para a continuidade da saúde e da vida psíquica naquele momento.

Vemos como o conceito de enquadre nos ilumina em distintas modalidades da clínica ampliada ao mesmo tempo que sugere como as instituições (os enquadres) são parte da personalidade (como afirma Bleger). Além disso, constatamos como a vida social é profundamente marcada pela necessidade humana de encontrar depositários para suas ansiedades mais primitivas.

Referências e indicações de leitura

Bleger, J. (1967/1997). Psicoanálisis del encuadre psicoanalítico In J. Bleger, *Simbiosis y ambigüedad* (pp. 237-250). Paidós.

Bleger, J. (1970/1999). El grupo como institución y el grupo en las instituciones In J. Bleger, *Temas de psicología (Entrevista y grupos)* (pp. 87-104). Nueva Vision.

Figueiredo, L. C. (2011). A situação analisante e a variedade da clínica contemporânea. *Revista Brasileira de Psicanálise*, *45*(1), 99-111.

HERBERT ROSENFELD
(1910-1986)

30. Narcisismo destrutivo

Ricardo Cavalcante

A noção de *narcisismo destrutivo* foi sendo pensada e lapidada por Herbert Rosenfeld ao longo de toda a sua experiência psicanalítica. Esse analista, juntamente a Hanna Segal e Wilfred Bion, entre outros pós-kleinianos, construiu uma rica prática clínica, especialmente com pacientes esquizofrênicos. Seu trabalho se desdobrou em importantes aportes metapsicológicos e sobre a técnica psicanalítica, não apenas para pensar os casos clínicos com pacientes psicóticos, mas também com pacientes considerados narcisistas e fronteiriços.

Freud já chamava a atenção, em seu clássico texto sobre o narcisismo, para o fato de que pacientes psicóticos retiram sua libido dos objetos externos e dirigem seu investimento ao eu, acarretando uma megalomania que está intimamente ligada ao estado de "onipotência dos pensamentos", uma "superestimação do poder dos seus desejos e atos psíquicos" (Freud, 1914/2010). Essa observação fazia com que Freud fosse extremamente pessimista quanto ao tratamento das neuroses narcísicas, uma vez que, em sua visão, esses pacientes não seriam capazes de estabelecer transferências. Melanie Klein, contudo, já havia preenchido essa lacuna freudiana desde o final dos anos 1920, abrindo as trilhas para a clínica com pacientes psicóticos. Suas ideias acerca da "identificação projetiva" (Klein, 1946/1991) e da "inveja" e suas relações com a pulsão de morte ou os impulsos destrutivos (Klein, 1957/1991), entre outras de suas formulações, compõem uma importante base para o conceito de *narcisismo destrutivo*.

Rosenfeld (1964/2000), em um primeiro artigo no qual aborda diretamente a questão da psicopatologia do narcisismo, nos chama a atenção para a noção de que nas relações de objeto narcisistas, geralmente estabelecidas com um "objeto parcial", a onipotência tem um papel fundamental, levando geralmente a uma certa indistinção entre sujeito e objeto. O autor se utiliza de um fio kleiniano, tomando a relação do bebê com o seio materno como uma das primeiras relações de objeto, para tecer as tramas de suas próprias ideias.

Nesse sentido, a psicopatologia do narcisismo comporta, por meio de projeções e introjeções, uma forma de identificação que culmina na incorporação onipotente do objeto ao *self* (Rosenfeld, 1964/2000). Essa forma de organização defensiva, que borra e embaralha as fronteiras entre eu e objeto, visa proteger o sujeito do contato com a própria realidade psíquica por meio de uma negação radical da separação. Reconhecer a separação faz com que a condição de dependência se explicite, estimulando assim a inveja do bom objeto. Uma relação de objeto narcísica onipotente buscaria justamente a evacuação da inveja e das frustrações causadas pelo objeto.

Alguns anos mais tarde, o autor volta a se debruçar sobre o tema realizando, então, uma investigação acerca dos aspectos agressivos do narcisismo e de suas relações com as pulsões de vida e de morte (Rosenfeld, 1971). Seu interesse, tomando de empréstimo a noção de mesclas pulsionais (Freud, 1923/2011), reside em perscrutar as diferenças entre os aspectos libidinais e destrutivos do narcisismo. Do ponto de vista libidinal, o narcisismo comportaria uma idealização do *self* por meio da identificação onipotente com os bons objetos e suas qualidades. O sujeito crê que tudo de valor relacionado aos objetos externos é uma parte de si. Por outro lado, quando predominam os aspectos destrutivos do narcisismo, embora a idealização siga cumprindo um papel determinante, ela segue em sentido oposto: a destrutividade é lançada contra os bons objetos externos e, também, contra partes do próprio *self*. O autor, ao abordar os aspectos destrutivos do narcisismo, está interessado em refletir sobre uma *refusão patológica* das pulsões.

O *narcisismo destrutivo* dos pacientes observados por Rosenfeld o leva a elaborar a ideia da formação de um supereu que se assemelha a uma *gangue* ou *máfia*. Seu principal objetivo é manter o *status quo* de uma organização narcísica destrutiva, sem deixar que o sujeito tente se refugiar em partes boas do *self*. Os movimentos libidinais são sufocados por esse tipo de supereu, que seria uma espécie de lente de aumento da pulsão de morte, abafando a própria "capacidade para pensar" (Rosenfeld, 1971). O autor afirma que, em alguns pacientes, as partes destrutivas do narcisismo se ligam a estruturas psicóticas que trazem consigo uma cisão tão profunda que o próprio sujeito fica dominado por partes do *self* que são extremamente cruéis. É comum, por essa razão, que pacientes com tal organização psíquica desenvolvam reações terapêuticas negativas, especialmente quando a análise vai bem.

Essa observação de Rosenfeld me remete a uma sessão com um paciente psicótico. Exponho alguns fragmentos: Y. conta sobre quando morava com a mãe. Precisou ir embora de sua casa porque passou a escutar os pensamentos de todos os vizinhos, que se sentiram muito ameaçados por seus poderes e o ameaçaram de volta. Iam lançar uma maldição contra ele. No dia em que foi embora, quando chegou na casa do pai, logo ao entrar, deparou com um bando de cangaceiros que o aguardavam ali. Fizeram a maior gritaria, ameaçaram-no muito e queriam cortar sua goela. Saiu de lá correndo e foi para a casa de uma prima. Foi ela quem o convenceu a procurar ajuda. No começo Y. odiou o tratamento, pois era como se "a mente quisesse matar o corpo e o corpo quisesse matar a mente". Aos poucos, com o decorrer das sessões, um velho que fala com ele em versos o acalmou um pouco, dizendo que podia confiar nas conversas.

Já tardiamente em sua obra, Herbert Rosenfeld reagrupa e revisita suas ideias pregressas sobre o *narcisismo destrutivo*, apresentando uma série de novos casos clínicos (Rosenfeld, 1987/2004). Em seu artigo, intitulado justamente "Narcisismo destrutivo e a pulsão de morte", afirma que as novas técnicas psicanalíticas podem ajudar o paciente a tomar contato com suas forças mortíferas, revelando uma "força assassina" dentro de si por meio da análise. Esse trabalho, mesmo sob constante risco de gerar reações terapêuticas negativas por conta da inveja que pode ser suscitada por uma boa análise, poderia abrir algum espaço para as forças libidinais do paciente, caminhando no sentido de promover uma transformação nos impasses presentes nos processos de defusão, fusão e refusão pulsionais.

Referências e indicações de leitura

Freud, S. (1914/2010). Introdução ao narcisismo. In S. Freud, *Obras Completas* (Vol. 12). Companhia das Letras.

Freud, S. (1923/2011). O eu e o id. In S. Freud, *Obras Completas* (Vol. 16). Companhia das Letras.

Klein, M. (1946/1991). Notas sobre alguns mecanismos esquizoides. In M. Klein, *Inveja e gratidão e outros trabalhos (1946-1963)*. Imago.

Klein, M. (1957/1991). Inveja e gratidão. In M. Klein, *Inveja e gratidão e outros trabalhos (1946-1963)*. Imago.

Rocha Barros, E. M. da (1988). Prefácio. In H. Rosenfeld, *Impasse e interpretação: atores terapêuticos e antiterapêuticos no tratamento psicanalítico de pacientes neuróticos, psicóticos e fronteiriços*. Imago.

Rosenfeld, H. (1964/2000). On the psychopathology of narcissism: a clinical approach. In H. Rosenfeld, *Psychotic states: a psychoanalytical approach*. Karnac.

Rosenfeld, H. (1971). A clinical approach to the psychoanalytic theory of the life and death instincts: an investigation into the aggressive aspects of narcissism. *International Journal of Psychoanalysis, 52*, 169-178.

Rosenfeld, H. (1987/2004). Destructive narcissism and the death instinct. In H. Rosenfeld, *Impasse and interpretation: therapeutic and anti-therapeutic factors in the psychoanalytic treatment of psychotic, borderline, and neurotic patients*. Routledge.

ELIZABETH ZETZEL (1907-1970)

31. Aliança terapêutica: delimitação conceitual e ilustração clínica

Rodrigo Sanches Peres

Atualmente, sabe-se que, nas psicoterapias de variadas orientações teóricas, desfechos favoráveis dependem, em grande medida, da qualidade da relação que se estabelece entre paciente e psicoterapeuta (Fahlgren, Berman & McCloskey, 2020). Contudo, o interesse sobre o tema remonta a aportes proporcionados pela psicanalista estadunidense Elizabeth Rosenberg Zetzel nos anos 1950 e 1960. A autora, à época, expandiu formulações apresentadas cerca de duas décadas antes em torno do conceito de aliança terapêutica, delimitado originalmente pelo psicanalista austríaco Edward Bibring.

De início, o acréscimo de Bibring (1937) ao vocabulário psicanalítico foi recebido com pouco entusiasmo, mas, após ser revitalizado por Zetzel, atingiu importante difusão na segunda metade do século XX (Brenner, 1979). Foi assim, portanto, que a autora se converteu em uma referência fundamental no tocante ao conceito de aliança terapêutica. E é preciso esclarecer que Zetzel (1956) acompanhou a premissa de Bibring, segundo a qual a aliança terapêutica resulta de uma identificação positiva que deve ser instituída entre o paciente – por meio da parte sadia de seu ego – e o psicoterapeuta logo no princípio do processo psicoterapêutico.

A autora, para além disso, sublinhou que a aliança terapêutica é dependente de recursos psíquicos cuja inexistência, em pacientes mais comprometidos, configura uma contraindicação ao tratamento psicanalítico. Por outro lado, compete ao psicoterapeuta favorecer a aliança terapêutica nas primeiras sessões, exercitando sua capacidade de escuta e utilizando interpretações transferenciais apenas extraordinariamente, para evitar a mobilização de angústias intensas, capazes de levar ao abandono precoce do processo psicoterapêutico (Zetzel, 1956).

Pela mesma razão, deve-se evitar, na referida fase, a interpretação de mecanismos defensivos arcaicos empregados por muitos pacientes no princípio do processo psicoterapêutico. Procedendo desse modo, o psicoterapeuta criará condições para que a aliança terapêutica venha a exercer um papel crucial na diminuição das resistências que, em maior ou menor grau, surgirão posteriormente (Zetzel, 1956). O conceito de aliança terapêutica, diante do exposto, reafirma a clássica tese freudiana de que o objetivo inicial do tratamento psicanalítico é promover, às expensas de uma atitude compreensiva, a vinculação do paciente ao psicoterapeuta.

Para que essa vinculação ocorra, Zetzel (1965) sustenta que, mesmo junto a adultos, nas primeiras sessões serão particularmente relevantes as respostas intuitivas do psicoterapeuta, análogas àquelas que são apresentadas pela figura materna no sentido de estimular o desenvolvimento egoico da criança. A diferença é que, como adverte a autora, o psicoterapeuta não o fará respondendo às ansiedades que representam obstáculos ao potencial inato de maturação, mas às ansiedades que constituem ameaças às conquistas psíquicas mais recentes do paciente.

Alguns aspectos do conceito de aliança terapêutica aqui contemplados podem ser ilustrados por meio de informações sobre o tratamento psicanalítico de uma paciente de 52 anos, divorciada, profissional de saúde, a qual será chamada, para preservar seu nome verdadeiro, de Salomé. Tal paciente participou voluntariamente de um projeto de extensão universitária desenvolvido em seu local de trabalho com o intuito de amenizar dificuldades concernentes aos relacionamentos interpessoais no contexto da equipe de saúde.

Frente a esse intuito, foi implementada uma modalidade assistencial grupal, durante a qual tornou-se claro que Salomé apresentava um importante quadro de sofrimento psíquico associado a sintomas depressivos. Por esse motivo, ela foi informada de que poderia receber atendimento em psicoterapia individual, gratuitamente, em uma clínica-escola. Ademais, esclareceu-se que esse atendimento seria conduzido, com a devida supervisão, por uma estagiária que cursava o quinto ano da graduação em Psicologia e que, consequentemente, estaria disponível por, no máximo, oito meses. Contudo, a Salomé foi garantida a possibilidade de continuar com outra estagiária, ou com um psicoterapeuta, após esse período, na mesma clínica-escola.

Salomé, então, passou a ser atendida em psicoterapia de orientação psicanalítica, uma vez por semana, e demonstrou interesse em prosseguir depois do desligamento da estagiária. O supervisor responsável – autor deste texto – assumiu o caso na sequência. Contudo, a paciente, já na primeira sessão com o novo psicoterapeuta, vivenciou a reedição de certas experiências prévias com figuras masculinas, de modo que demonstrou algumas inseguranças quanto a ele. Em essência, ela temia não ser totalmente compreendida no tocante a assuntos que considerava inerentes à identidade feminina e que haviam sido abordados, preliminarmente, pela estagiária.

O psicoterapeuta optou por adotar uma atitude compreensiva, além de recorrer a intervenções clarificadoras e reforçadoras, em vez de interpretar precipitadamente as resistências de Salomé. Com isso, buscou estabelecer as bases necessárias para que a aliança terapêutica pudesse ser efetivamente selada nas sessões subsequentes. Portanto, o psicoterapeuta, acompanhando as diretrizes de Zetzel (1965), se dirigiu especificamente à parte sadia do ego da paciente visando ao acionamento de mecanismos identificatórios respaldados na capacidade de Salomé nele depositar o que a autora chama de "confiança básica".

Essa capacidade, vale frisar, não impede a emergência eventual de inseguranças quanto ao psicoterapeuta, como, aliás, o caso em questão exemplifica. Porém, permite a instituição de uma relação de trabalho mediante a construção de um vínculo psicoterapêutico que não ocasionará a mera repetição do passado do paciente. Outrossim, é importante esclarecer que a aliança terapêutica não bloqueia a replicação da psicopatologia do paciente no âmbito do processo psicoterapêutico, fenômeno esse que, em psicanálise, é chamado de "neurose de transferência" e considerado um instrumento de cura.

Na realidade, a aliança terapêutica permite que interpretações transferenciais sejam toleráveis, desde que empregadas com maior frequência face à neurose de transferência (Zetzel, 1965). E assim procedeu-se com Salomé, inclusive cerca de onze meses após a primeira sessão com o novo psicoterapeuta, momento em que inseguranças quanto a ele ressurgiram conforme o processo psicoterapêutico caminhava para sua reta final. Em linhas gerais, tais inseguranças foram interpretativamente conectadas a uma inclinação primitiva à dependência que parecia alimentar os sintomas depressivos de Salomé. Além disso, mais adiante, como recomenda a autora a propósito do término do tratamento psicanalítico, o psicoterapeuta colocou-se à disposição da paciente para necessidades futuras, a fim de permanecer retido em seu ego como o objeto da identificação positiva sobre a qual se assentou a aliança terapêutica.

Referências e indicações de leitura

Bibring, E. (1937). Contribution to the symposium on the theory of the therapeutic results of psycho-analysis. *International Journal of Psychoanalysis, 18*, 170-189.

Brenner, C. (1979). Working alliance, therapeutic alliance, and transference. *Journal of the American Psychoanalytic Association, 27*(suppl. 1), 137-157.

Fahlgren, M. K., Berman, M. E., & McCloskey, M. S. (2020). The role of therapeutic alliance in therapy for adults with problematic aggression and associated disorders. *Clinical Psychology & Psychotherapy, 27*(6), 858-886.

Zetzel, E. R. (1956). Current concepts of transference. *International Journal of Psychoanalysis, 37*, 369-375.

Zetzel, E. R. (1965). The theory of therapy in relation to a developmental model of the psychic apparatus. *International Journal of Psychoanalysis, 46*, 39-52.

MARGARET MAHLER (1897-1985)

32. A simbiose e o seu lugar no nascimento psicológico do indivíduo

Aurea Chagas Cerqueira
Daniela Scheinkman Chatelard

Margaret Mahler (1975/1977) concebeu uma relevante teoria sobre o desenvolvimento psíquico precoce. Para essa autora, o nascimento psicológico ocorre por meio de um processo denominado *separação-individuação*, que se inicia no nascimento e se estende por toda a vida do indivíduo.

De acordo com essa concepção, esse processo é antecedido por duas fases: a *fase autística normal*, que se evidencia no decorrer do primeiro mês de vida, e a *fase simbiótica normal*, a qual se estende entre o segundo e o sexto mês de vida do bebê. Por volta do quarto ao quinto mês de vida, ainda durante a fase simbiótica normal, tem início a *fase de separação-individuação*, que se divide em quatro subfases – diferenciação, treinamento, reaproximação e constância objetal. Quando a *subfase de constância objetal* é alcançada, a criança passa a confiar na presença de uma imagem interna da mãe, mesmo na ausência física dela, o que representa o surgimento do seu senso de identidade.

O processo de separação-individuação representa, em realidade, o entrelaçamento de um momento de *separação*, em que estão presentes elementos que levam ao gradual afastamento do bebê em relação à mãe, e um momento de *individuação*, em que evolução da autonomia intrapsíquica, memória e cognição constituem os principais fatores presentes.

Como precursora do processo de separação-individuação, a fase simbiótica normal é experimentada narcisicamente pelo bebê como um estado de fusão alucinatória e onipotente com a mãe. No decorrer dessa fase, o bebê ainda não pode diferenciar interior e exterior, e se comporta como se ele e a mãe fossem uma unidade, na qual não existe a diferenciação entre *eu* e *não eu*. Para Mahler, o termo *simbiose* constitui uma metáfora, na medida em que a dependência do bebê em relação à mãe é absoluta e, do lado materno, essa dependência é relativa.

A comunicação mãe-bebê estabelecida na fase simbiótica normal propicia a organização psíquica necessária para o nascimento psicológico do bebê. E uma das formas pela qual essa comunicação acontece é, particularmente, o momento em que a mãe segura o bebê para amamentá-lo. Em suas investigações, Mahler pôde observar circunstâncias em que esse segurar não levou a uma aproximação desejada entre mãe e bebê: mães que disponibilizavam os seios para que o bebê pudesse mamar enquanto elas se ocupavam de outros afazeres e mães que amamentavam seus bebês ao seio por conveniência, a fim de evitar o trabalho de higienização de mamadeiras. Face a tais contextos, os bebês tendiam a apresentar respostas não específicas e indiscriminadas, bem como dificuldade para esboçar sorrisos. Em outras ocasiões, Mahler observou mães que não amamentavam seus bebês ao seio, porém davam-lhes a mamadeira procurando segurá-los com atenção e firmeza. Nesses contextos, as respostas dos bebês tendiam a ser mais específicas, com sorrisos e gestos de alegria.

A partir dessas observações, Mahler pôde constatar que a fase simbiótica normal contribui para um certo equilíbrio psicológico do bebê em direção às fases posteriores do processo de separação-individuação. Ou seja, se tudo correr bem na interação entre a mãe e o bebê, a fase simbiótica normal dará lugar ao início do processo de separação-individuação.

Para ilustrar alguns dos possíveis desdobramentos da fase simbiótica normal, é relevante fazer referência a três bebês que foram acompanhados por Mahler. Um deles havia vivenciado uma fase simbiótica intensa, porém com certo desconforto. Ele começou a apresentar evidências de que precisava sair precocemente da simbiose desconfortável, como reações expressivas de forte ansiedade em relação a estranhos e comportamentos com características de vulnerabilidade. Sobre o bebê, Mahler compreendeu que a fase simbiótica experimentada de forma insatisfatória pode tê-lo impedido de desenvolver certo grau de confiança e narcisismo que possibilitasse sua entrada no mundo externo *não mãe*, ou seja, se diferenciar da mãe. Sobre a mãe, Mahler constatou a manifestação, durante a fase simbiótica normal, de forte sentimento de ambivalência acerca da criança e do seu papel como mãe.

Mahler também acompanhou um bebê que experimentara uma interação agradável com a mãe ao longo da fase simbiótica normal. Entretanto, como a mãe nutria forte sentimento de culpa em relação ao filho mais velho, preterido em função das necessidades do mais novo, bem como intenso desconforto devido ao fato de o novo bebê morder seus mamilos, a mãe optou pelo desmame e pela introdução da mamadeira para alimentá-lo. O desmame provocou alterações significativas na relação simbiótica, tendo o bebê começado a apresentar comportamentos de impaciência, apatia e indiferença. Algum tempo depois, quando a criança começou a apresentar novas habilidades, como engatinhar e se levantar, o processo de diferenciação pôde ser iniciado, sem tanta dependência em relação à mãe.

Em outro exemplo clínico, Mahler descreveu um relacionamento mãe-bebê conturbado. A mãe apresentava comportamentos de intensa ansiedade, sobretudo relacionados à necessidade de constatação permanente de que o filho havia nascido intacto. Na realidade, tanto a mãe quanto o bebê interagiam de forma tensa, inquieta, não espontânea. Nem ela, nem o bebê tiveram a oportunidade de vivenciar um período satisfatório de amamentação durante a fase simbiótica normal. Em decorrência dessa turbulência no relacionamento, a criança começou a apresentar sintomas como dificuldade para dormir, sorriso social precoce, intolerância a barulhos altos, dentre outros. No entanto, o auxílio que Mahler e sua equipe forneceram à díade mãe-bebê, ao longo das fases subsequentes de desenvolvimento, possibilitou à criança seguir rumo à constância objetal e à autonomia.

Em casos mais severos de transtornos no processo de separação-individuação, pode ocorrer uma desorganização psicótica, condição essa em que o ego regride, o que pode levar ao que Mahler denominou *psicose infantil simbiótica*.

É importante destacar que, em muitos momentos, Mahler acompanhou bebês cuja fase simbiótica normal foi vivenciada sem muitos conflitos, o que os levou à manifestação de sinais de diferenciação ativa no momento esperado, por volta dos seis meses.

Os exemplos clínicos mencionados, e outros igualmente relevantes em sua experiência profissional, levaram Mahler à constatação de que o nascimento psicológico do bebê ocorre quando este começa, gradualmente, a realizar modificações em seus comportamentos a partir das atitudes maternas em relação a ele. Para Mahler, a necessidade inconsciente da mãe é capaz de ativar as potencialidades do bebê, as quais emergem como legítimos representantes dos próprios desejos maternos.

Referências e indicações de leitura

Mahler, M. S. (1965). On early infantile psychosis: the symbiotic and autistic syndromes. *Journal of the American Academy of Child Psychiatry*, *4*, 554-568.

Mahler, M. S. (1967). On human symbiosis and the vicissitudes of individuation. *Journal of the American Psychoanalytic Association*, *15*, 740-763.

Mahler, M. S. (1975/1977). *O nascimento psicológico da criança: simbiose e individuação*. Zahar.

OCTAVE MANNONI (1899-1989)

33. Octave Mannoni e a situação colonial

Cláudia Perrone

O livro *Psicologia da colonização*: *Próspero e Caliban*, de Octave Mannoni, é um marco histórico na relação entre psicanálise e colonização. O livro foi publicado pela primeira vez em francês em 1950 e, posteriormente, traduzido para o inglês. A obra buscava compreender e explicar o funcionamento da mente do colonizador e do colonizado. Trata-se da primeira incursão da psicanálise na questão colonial.

Próspero e Caliban, presentes no título do livro, são personagens da peça de William Shakespeare intitulada *A Tempestade* (1611). Mannoni também inaugura, assim, uma leitura da obra de Shakespeare que será reapropriada por diversos intelectuais, principalmente autores que se dedicam à discussão do colonial e do pós-colonial, porque as figuras de Próspero e Caliban reproduzem a relação entre colonizador e colonizado.

O antigo duque de Milão, Próspero, refugia-se em uma ilha planejando uma vingança contra seu irmão, que lhe usurpou o título real. Caliban era o proprietário legítimo da ilha, um selvagem descrito como feio, deformado e monstruoso. Tal caracterização torna Caliban, tão distinto do civilizado duque de Milão, um escravo natural, um objeto de exploração de Próspero.

A relação entre Próspero e Caliban estabeleceu o fenômeno que Mannoni (1950/1956) definiu como situação colonial: "cria-se uma situação colonial . . . no instante em que um homem branco . . . aparece no meio de uma tribo . . . e ele deriva de sua posição, mesmo que apenas em seu eu mais secreto, um sentimento de superioridade" (p. 18).

Como funcionário francês na colônia, Mannoni observou que os europeus em Madagascar apresentavam uma sociabilidade falha, baseada exatamente na crença em uma superioridade natural diante do outro – o não europeu, que deveria naturalmente assumir uma posição servil. Tal relação se estabelecia a partir de um desejo patológico de dominação dos franceses. Ele observou ainda que, após a destruição da rotina e da vida tribal pelos colonizadores, os malgaxes experimentaram uma angústia de abandono provocada pela dependência que desenvolveram pelos franceses, origem da revolta colonial cuja repressão fez milhares de mortos.

A partir dessas observações, Mannoni descreveu o "complexo de dependência", que, segundo ele, é inato e do qual o indivíduo se separa à medida que vai ficando adulto. O rompimento com esse complexo pode ser negativo para algumas pessoas que não conseguem superar o sentimento de abandono resultante e, por isso, desenvolvem outro complexo, o "complexo de inferioridade". Segundo Mannoni, esse complexo está sempre presente no colonizador, que, como consequência, é compelido a dominar e, algumas vezes, a usar a força contra os nativos. No entanto, no colonizado, o "complexo de dependência" nunca desaparece, pelo contrário, ele pode até ser reforçado. O colonizado desenvolve uma necessidade de estar sob o constante controle do colonizador. Assim, a "psicologia da colonização" está criada: nem o nativo, nem o europeu são capazes de superar os seus primeiros complexos. A personificação dos dois complexos em Próspero e Caliban e a dinâmica entre as duas personagens na tragicomédia de Shakespeare foi o arremate final na compreensão da situação colonial.

Mannoni considera que a relação entre colonizadores e colonizados é uma relação imaginária. Cada um maneja suas projeções sobre o outro e não existe uma dimensão de alteridade, razão pela qual o conflito se perpetua sem solução. Mannoni percebeu que o colonizador, encerrado em seu ego, não consegue sair do seu jogo narcisista diante do colonizado. E, ainda que os colonizados vejam os defeitos do colonizador, a dependência os mantém no assujeitamento da situação colonial.

O conceito de situação colonial foi o ponto principal da controvérsia entre Mannoni e Frantz Fanon. Nascido na Martinica, o psiquiatra negro Fanon lê Mannoni e reage ao seu livro escrevendo *Pele negra, máscaras brancas*, de 1952. No capítulo quatro, "Sobre o suposto complexo de dependência do colonizado", Fanon (1952/2020) argumentou que Mannoni viveu "ao extremo a ambivalência inerente à situação colonial" e, no entanto, ele "não compreendeu suas verdadeiras coordenadas" (p. 99). Fanon reconheceu o mérito de Mannoni de trazer a psicanálise para pensar o colonialismo, pois não se tratava somente de condições objetivas e históricas, mas também da subjetividade, da atitude do homem diante dessas condições.

Fanon (1952/2020) contesta a ideia de que existiria desde a infância um germe de inferioridade nos malgaxes estudados por Mannoni: "Uma sociedade é racista ou não é" (p. 101). Conclui que o racismo colonial não é diferente de outros racismos, e que é o racista que cria o inferiorizado. Analisando sonhos, Fanon afirmou que o desejo do negro de ser branco está vinculado estruturalmente a uma sociedade que mantém o complexo de inferioridade como parte da ordem vigente. Em síntese, os complexos não são originários, mas são efeitos sobre a subjetividade que se produzem pela situação colonial.

O Brasil é um país com passado colonial e uma herança escravocrata e racista transmitida de geração a geração. A situação colonial apresenta-se na clínica como os diversos episódios de racismo vividos cotidianamente. Uma fala de uma paciente negra da psicanalista Isildinha Nogueira (1998) exemplifica a afirmativa: "provavelmente os brancos racistas ririam muito de mim se pudessem me perceber intimamente, veriam que eu sou exatamente como eles esperavam que todos os negros fossem, com um horror a si mesmos" (p. 159).

A fala da paciente traz os efeitos dolorosos da violência racista e da internalização compulsória de um ideal branco. Tratar o conceito de situação colonial como um conceito com ressonâncias clínicas permite trabalhar a "situação" com um sentido mais conjuntural e histórico, mas também ontológico, porque o sujeito decidirá sobre o seu ser situando-se. Elisabeth Roudinesco (1999) propôs considerar as elaborações de Fanon e Mannoni sobre a situação colonial como um "díptico" (p. 105) analítico, ideia que auxilia o pensamento clínico.

Após vários anos, Mannoni revisou sua posição e publicou "A decolonização de mim mesmo" (1966/1977). Ele não alude ao livro de Fanon de modo direto, mas relativiza as suas afirmações, reconhecendo a complexidade e as implicações histórico-políticas apontadas por seu interlocutor martinicano, indicando um novo caminho: a decolonização.

Referências e indicações de leitura

Fanon, F. (1952/1986). *Black skin, white masks*. Pluto Press.

Fanon, F. (1952/2020). *Pele negra, máscaras brancas*. Ubu.

Faustino, D. (2022). *Franz Fanon e as encruzilhadas*. Ubu.

Mannoni, O. (1950). Psychologie de la revolte Malgache. *Esprit*, *166*(4), 581-595.

Mannoni, O. (1950/1956). *Prospero and Caliban: the psychology of colonization*. Methuen & Co.

Mannoni, O. (1966/1977). The decolonization of myself. In P. C. Sorum, *Intellectuals and decolonization in France*. University of North Carolina Press.

Nogueira, I. (1998). *Significações do corpo negro*. Tese (Instituto de Psicologia da Universidade de São Paulo).

Roudinesco, E. (1999). La déconisation de soi: um souvenir d'analyse. In A. Combrichon, *Psychanalyse et décolonisation: hommage à Octave Mannoni*. L'Harmattan.

Tronchon, J. (1974). *L'Insurrection malgache de 1947: essai d'interprétation historique*. Maspero.

WILFRED BION (1897-1979)

34. Identificação projetiva invertida

Cecília Noemí Morelli Ferreira de Camargo

Identificação projetiva invertida (*projective identification reversed*) é uma expressão usada por Bion no livro *Second thoughts*, publicado em 1967.

Ao discorrer sobre a divergência entre a personalidade psicótica e a não psicótica, refere-se às fantasias do bebê de atacar o seio e afirma que desde o início da vida o aparelho de percepção é alvo de ataques. Esses ocorreriam na parte psicótica da personalidade, estando relacionados a tentativas do bebê de se proteger do doloroso contato com a realidade; não podendo transformar a realidade em si mesma, tenta "livrar-se" do meio pelo qual é posto em contato com ela: fragmenta seu próprio aparelho perceptivo.

Isso terá consequências na capacidade de perceber,[15] no desenvolvimento do pensamento verbal e no processo de simbolização. O sujeito passa a usar objetos reais como se fossem ideias, ficando atônito quando estes obedecem às leis das ciências naturais e não

[15] Quando falamos da capacidade de perceber nos referimos à palavra inglesa *awareness*, que corresponde a dar-se conta e não à percepção, capacidade sensorial ou visual propriamente dita.

às do seu funcionamento mental, fenômeno denominado *equação simbólica* por Hanna Segal (1993a). Esse modo de se relacionar com a realidade interna/externa aplaca sua intensa ansiedade em função da fantasia de haver controle sobre eles, dada sua onipotência e sua concretude. Como a respiração, os movimentos de projeção e introjeção são contínuos e ininterruptos, e a fantasia de que os elementos do aparelho perceptivo podem ser expulsos e trazidos de volta por identificação projetiva/introjetiva faz renascer a ameaça "de dentro", ou pelo menos a ameaça de sua reentrada, como concretização do temor da retaliação do objeto.

O movimento da identificação projetiva ocorre de "dentro para fora"; já a palavra "invertida" traz a ideia de uma inversão na direção desse movimento. No entanto, há uma diferenciação necessária entre identificação projetiva invertida e introjeção que pode ser estabelecida considerando-se que, na introjeção, o trânsito "de fora para dentro" é pensado como fluído e natural, mas, dadas as características da parte psicótica da personalidade, no uso intenso de identificação projetiva os processos de introjeção são afetados e ela não ocorre como na parte não psicótica da personalidade.

Bion apresenta também outra face da identificação projetiva invertida, ao dizer que ela pode ser parte de anseios do paciente de se curar, qualificando-a como uma atividade criativa; acrescenta ainda que, se o paciente deseja trazer de volta qualquer objeto, em tentativas de reparação do ego, e, na análise, sente-se impulsionado a fazer isso, ele terá de trazê-los de volta por identificação projetiva invertida, isto é, pelo mesmo caminho pelo qual foram expulsos; isso pode ocorrer caso deseje absorver uma interpretação.

Isso significa que os modos pelos quais as expulsões ocorreram serão utilizados na reentrada, com a utilização do mesmo órgão sensorial como veículo. Pode-se deduzir que Bion está sugerindo que não houve transformação do material em questão; se assim tivesse ocorrido, a introjeção seria possível. Desse modo, tanto se manteve o conteúdo persecutório do material expulso como se mantiveram os modos onipotentes de processamento dos conteúdos sensoriais/emocionais não digeríveis, não transformados.

No entanto, as fantasias de reentrada desses elementos - que poderiam ser transformados, funcionar como recursos - mantêm e renovam a persecutoriedade original e um modo de funcionar mais semelhante à paralisação. Dito de outro modo, são repetições sem elaboração, e quer o paciente sinta que está tendo algum desses objetos recolocados nele pelo analista, quer sinta que por ele mesmo, viverá o reingresso como um ataque. Isso decorre do grau extremo em que ocorreu a fragmentação tanto do ego como dos objetos e dificultará qualquer tentativa de síntese, que será vivida como perigosa. A angústia pode ser mitigada por esses meios, apesar dos efeitos deletérios para o ego. Além disso, pelo fato de o paciente sentir que se livrou "daquilo que une" (sua capacidade de articular), tendo tudo ficado reduzido a minúsculos fragmentos, ele consegue comprimir, embora não articular, dada a concretude com que esses processos ocorreram e ocorrem.

Bion (1958/1994a), em *Sobre alucinação,* fornece ilustração clínica muito esclarecedora, ao referir-se às observações feitas no trabalho realizado com um paciente com graves distúrbios, contrapondo a experiência relatada a episódios anteriores, destacando a dificuldade de interpretação das situações em que a natureza da vivência alucinatória se evidencia. Afirma que chamara a atenção do paciente para o fato de que, ao falar "estão vindo lágrimas a meus olhos", ele estava querendo dizer que tais lágrimas, vindas de fora, lhe penetravam os olhos e iriam cegá-lo, e continua: "o paciente sentou-se e ficou olhando fixamente a parede à sua frente, numa atitude e procedimento muito semelhantes aos que exibira no decorrer da expulsão de um objeto, no canto da sala" (Bion, 1958/1994a, p. 67).

Quando a expulsão se completou, ele disse: "um indivíduo me falou que era bom ficar deprimido". Bion diz que estava convencido de que o tal indivíduo era ele (Bion), e que era assim que o paciente o escutara, mas que sentiu lhe faltarem evidências que tornariam oportuna a interpretação, e então disse: "Acho que o senhor está vendo esse indivíduo na sua frente". A resposta do paciente foi: "Ficou tudo escuro. Não consigo enxergar. Estou trancafiado". Bion continua dizendo que tal resposta ficou enigmática, até se dar conta de que, quando os mecanismos psicóticos predominavam, o paciente achava que ele, Bion, utilizava mecanismos e métodos de pensamento idênticos aos que ele usava. Graças à familiaridade com esse fato, pôde entender que o paciente julgava que Bion vira o homem que era visível para ele. Assim, se Bion tivesse visto tal pessoa, isso era sinal de que usava seus próprios olhos para sugar uma parte da personalidade do paciente. Bion diz ao paciente que este sente que Bion usara seus próprios olhos para sugar parte da pessoa do paciente e que se apossara não apenas do alguém visto, mas também do fragmento ejetado do paciente.

Esse exemplo mostra como a expressão proposta por Bion tem importância clínica significativa: a possibilidade de distinguir mecanismos de introjeção de mecanismos de identificação projetiva invertida amplia a proximidade com a realidade psíquica do paciente e o acompanhamento mais próximo, sendo fator de "melhora" no sentido de favorecer o uso de mecanismos de defesa menos primitivos, sem tanta onipotência, diante da inevitabilidade da ansiedade.

Referências e indicações de leitura

Bion, W. R. (1956/1994). Desenvolvimento do pensamento esquizofrênico. In W. R. Bion, *Estudos psicanalíticos revisados (Second thoughts)*. Imago.

Bion, W. R. (1957/1994). Diferenciação entre a personalidade psicótica e não psicótica. In W. R. Bion, *Estudos psicanalíticos revisados (Second thoughts)*. Imago.

Bion, W. R. (1958/1994a). Sobre alucinação. In W. R. Bion, *Estudos psicanalíticos revisados (Second thoughts)*. Imago.

Bion, W. R. (1958/1994b). Sobre arrogância. In W. R. Bion, *Estudos psicanalíticos revisados (Second thoughts)*. Imago.

Segal, H. (1993a). Simbolismo. In H. Segal, *Sonho, fantasia e arte*. Imago.

Segal, H. (1993b). Espaço mental e elementos do simbolismo. In H. Segal, *Sonho, fantasia e arte*. Imago.

35. Sem memória, sem desejo, sem compreensão prévia

Davi Berciano Flores
Marina Ferreira da Rosa Ribeiro

Bion (1965/2014b, 1967/2014) propõe um estado de mente na clínica psicanalítica no qual o analista escute seu analisando "sem memória, sem desejo e sem compreensão prévia". Essa proposta é tomada, pelo próprio autor, como uma extensão da "atenção livremente flutuante" de Freud. A proposta desse estado de mente, tipicamente bioniano, dialoga com sua epistemologia e surge em um momento importante de sua obra, a passagem do período epistemológico (1953-1965) para o período ontológico (1965-1979). Tentaremos ser fiéis a ambas as ideias, apresentando o conceito a partir de sua herança freudiana e, em seguida, localizando-o na obra de Bion.

A partir da obra de Freud, escolhemos duas passagens fundamentais que estruturam a proposta de Bion, levando-se em consideração que sua proposição de método se baseia em inúmeras passagens dos pensamentos freudiano, kleiniano e de outros autores. A primeira delas encontra-se em "Formulações sobre os dois princípios do funcionamento psíquico", no qual Freud (1911/2010) aponta que, diante da iminência de uma descarga motora, o aparelho mental é capaz de recorrer a impressões de sentido, notações que constituem parte da memória. Trata-se de um sistema de antecipação ao aparecimento de uma impressão, regido predominantemente pelo princípio de prazer-desprazer.

A segunda passagem freudiana que norteia o estado de mente proposto por Bion se encontra em carta enviada a Lou Andreas-Salomé, em 1916, na qual Freud (1916/1975) aponta que, para atingir um estado mental na clínica capaz de subverter a obscuridade de seus fenômenos, seria necessário "cegar-se artificialmente, focando toda a luz em um único ponto de escuridão" (p. 65).

O estado de mente "sem memória, sem desejo e sem compreensão prévia", assim, consiste na recomendação de que o psicanalista se discipline em evitar memórias, desejos, impressões de sentido que o levem a se afastar do que se passa no momento da sessão com seu analisando, ou seja, a experiência emocional que está ocorrendo no aqui e agora.

Na obra de Bion, desejos, memórias e explicações seriam impressões sensoriais às quais o pensamento do psicanalista pode recorrer defensivamente, apegando-se a estes elementos, principalmente diante da precipitação de algo inquietante, angustiante e terrorífico no momento do atendimento clínico. Bion usa como exemplos o desejo de que a sessão termine, ou o uso da memória de alguma sessão anterior como tentativa de explicar algo que o paciente está relatando.

No último capítulo do livro *Atenção e interpretação*, Bion (1970/2014) apresenta a expressão "capacidade negativa" citando o poeta John Keats: a capacidade de permanecer em incertezas, mistérios e dúvidas, sem procurar apressadamente razão ou compreensão. Em 1977, Bion (1977/2019) apresenta um seminário em Londres com o nome de "Capacidade negativa", ou seja, a disciplina psicanalítica proposta por Bion encontra, nessa expressão poética, um outro continente para o estado de mente do analista na sessão.

A proposta de Bion busca, como horizonte, que o analista encontre seu analisando sempre em uma nova sessão, como se não o tivesse visto antes, permitindo-se assim desprender-se de registros, concepções prévias à experiência daquele encontro analítico, com aquele paciente, naquele momento. As evasões promovidas pelas impressões sensoriais afastariam o psicanalista do que Bion denomina "experiência emocional" (Bion, 1965/2014), aquilo que se dá no presente da sessão, com que o analista deve se manter em uníssono. Essa proposta de método clínico de Bion, tão conectada com elementos da obra freudiana, como à comunicação entre inconscientes (Freud, 1915/2010), surge em um ponto de virada na obra de Bion.

A proposição do estado de mente "sem memória, sem desejo e sem compreensão prévia" surge no período em que seu trabalho epistemológico se volta não somente para a psicanálise enquanto um trabalho de produção de conhecimento, associado a aprender com a experiência emocional, mas para o alcance ontológico do trabalho psicanalítico, *a possibilidade de tornar-se*. Em outras palavras, Bion passa a dar ênfase ao ser em constante transformação durante a sessão, ao que se é a cada instante.

Assim, a presença do analista na sessão, enquanto alguém que prescinde de compreensões prévias, coloca-o em um trabalho de *tornar-se* uno com o analisando, ou seja, em vez de *falar sobre*, é *estar com* o analisando. Do mesmo modo, entrar em contato com a verdade psíquica do momento da sessão liberta ambos, analisando e analista, de uma construção rígida a respeito de seus lugares e de quem são, abrindo espaço psíquico para que surjam elementos inconscientes que poderiam ser facilmente encobertos por qualquer tipo de conhecimento prévio ou antecipação.

Quando uma analisanda diz que conversou com o pai pela última vez há mais de um ano e que de nada se lembra da última mensagem que ele mandou, o analista pode facilmente ser levado a confiar nesta associação, na ideia já conhecida de esquecimento ou recalque. No entanto, a experiência emocional que acompanha esta ocasião é a intuição, do analista, de que a analisanda está vendo a mensagem no momento que diz não se lembrar dela. Apontar isso leva-a a revelar que guarda um pedaço enigmático da mensagem em sua memória.

Em um outro exemplo, um analisando parece estar falando, fluentemente, de questões de seu trabalho. No entanto, ao manter-se presente na sessão, sem buscar compreensões de seu discurso, o analista aos poucos nota um estranho sentimento de depreciação, como se aquelas associações articuladas encobrissem uma experiência de desidealização ou desqualificação do analista. Essa constatação leva a sessão para um caminho novo e inusitado.

A revisitação de Bion à problemática da escuta clínica se apresenta justamente para se contrapor ao hábito de oferecer, com naturalidade, interpretações carregadas de teoria, ou de saturar a escuta com conteúdos teóricos e certa presunção de conhecimento. Sua obra torna-se, progressivamente, um material de alcance epistemológico e crítico a respeito da prática psicanalítica, independentemente do viés de leitura teórica que cada analista venha a usar.

Referências e indicações de leitura

Bion, W. R. (1965/2014a). Learning from experience. In W. R. Bion, *The Complete Works of W. R. Bion* (Vol. IV, pp. 247-365). Karnac.

Bion, W. R. (1965/2014b). Memory and desire. In W. R. Bion, *The Complete Works of W. R. Bion* (Vol. VI, pp. 7-18). Karnac.

Bion, W. R. (1967/2014). Notes on memory and desire. In W. R. Bion, *The Complete Works of W. R. Bion* (Vol. VI, pp. 203-210). Karnac.

Bion, W. R. (1970/2014). Attention and interpretation. In W. R. Bion, *The Complete Works of W. R. Bion* (Vol. VI, pp. 211-330). Karnac.

Bion, W. R. (1977/2019). Capacidade negativa. In A. Chuster, & A. Stürmer (Orgs.), *Capacidade negativa: um caminho em busca da luz*. Zagodoni.

Freud, S. (1911/2010). Formulações sobre os dois princípios do funcionamento psíquico. In S. Freud, *Obras Completas* (Vol. 10). Companhia das Letras.

Freud, S. (1915/2010). O inconsciente. In S. Freud, *Obras Completas* (Vol. 12). Companhia das Letras.

Freud, S. (1916/1975). Carta de 25/5/1916. In S. Freud, & L. Andréas-Salomé, *Correspondência completa*. Imago.

36. Mudança catastrófica

Ricardo Cavalcante

Diferentemente do que a linguagem cotidiana pode dar a entender, esta ideia bioniana não guarda relações com o trauma. A mudança catastrófica é um acontecimento disruptivo, que pode ter um estatuto real, imaginado ou alucinado, e traz consigo a potencial destruição do *status quo*, possuindo assim um caráter violento. Por essa razão, um movimento dessa ordem gera "turbulências emocionais" (Bion, 1976/2014) e levanta fortes resistências no sujeito ou no grupo em que esses pensamentos emergem. Por outro lado, paradoxalmente, uma mudança catastrófica contém os germes de uma expansão mental, de uma reorganização e de "transformações" (Bion, 1965/2014) rumo ao crescimento.

Estamos lidando aqui com uma complexa ideia bioniana que perpassa um extenso período de sua obra e está associada a outros modelos de pensamentos psicanalíticos construídos pelo autor ao longo de sua vida. É preciso um certo cuidado para não realizarmos uma síntese muito apressada que abafe a profundidade da noção de "mudança catastrófica". De toda forma, para uma primeira abordagem dessa ideia, podemos tomar como centro de gravidade a apresentação realizada por Bion em uma reunião científica na Sociedade Britânica de Psicanálise em 4 de maio de 1966, cujo título é justamente "Mudança catastrófica".

De acordo com o autor, em todas as épocas históricas, surgiram místicos e gênios nas religiões ou nos centros científicos. Esses sujeitos podem ser considerados portadores de "ideias messiânicas" (Bion, 1966/2014). É possível pensarmos, por exemplo, que as revoluções científicas promovidas por Copérnico, Darwin e Freud, e que o último nomeia como as três grandes feridas narcísicas da humanidade, são fundamentalmente "mudanças catastróficas" – são transformações que subvertem nossos vértices de observação e revelam novas formas de leitura do mundo e do humano. Bion, por sua vez, evoca a história de Jesus: mesmo que este messias afirmasse que seus ensinamentos estavam em conformidade com os preceitos do *establishment* (Bion, 1966/2014) de seu tempo, parte do grupo social não pôde tolerar o caráter disruptivo de suas pregações.

O choque causado por novas e impensáveis ideias que adentram um campo de sentidos já existente e consolidado gera um enorme estremecimento. O místico ou gênio poderá ser ejetado do grupo juntamente a suas ideias, ou todo o campo de sentidos grupal precisará passar por uma espécie de dissolução, ressignificação e integração de novos elementos que provocam uma mudança radical. Além disso, podemos tomar esses episódios como fábulas que nos servem de apoio para pensarmos em uma constante dialética entre o "narcisismo" e o "social-ismo" (Bion, 1965/2014), como grafa o autor; ou, se preferirmos, entre o intrapsíquico e o grupo:

> *A fábula, construída em termos do grupo, deve ser considerada uma pictorialização do mundo interno do homem. Para aqueles familiarizados com a teoria kleiniana, minha descrição pode ser tomada como*

> *uma representação dramatizada, personificada, socializada e pictorializada da personalidade humana (Bion, 1966/2014, p. 36).*

Uma boa analogia para pensarmos as "mudanças catastróficas" vem da própria obra de Bion: quando o neurótico toma contato com partes psicóticas ou quando o psicótico toma contato com partes neuróticas de sua personalidade (Bion, 1957/2014). Nesses casos o sujeito é lançado a uma posição de não saber radical sobre si mesmo, já que a parte neurótica temerá profundamente a parte psicótica e vice-versa. Se o místico ou pensador original traz consigo "mudanças catastróficas" que fazem estremecer o *establishment*, devemos pensar que aquilo que se passa na relação do sujeito com os outros acontece também no âmbito das relações entre partes do próprio psiquismo.

Para refletirmos sobre a dimensão intrapsíquica dessa noção bioniana, retiramos da literatura um exemplo que nos serve de ilustração: o escritor japonês Haruki Murakami (2015/2017), em seu autobiográfico *Romancista como vocação*, nos conta que em uma tarde de abril de 1978, enquanto assistia a uma partida de beisebol de seu time do coração,

> *Hilton fez uma bela rebatida para a esquerda e foi até a segunda base. O som agradável do taco atingindo a bola ecoou em todo o estádio. Ouviram-se alguns aplausos. Nesse momento pensei subitamente, sem nenhum contexto e sem nenhum fundamento: É, talvez eu também possa escrever romances.*
>
> *Até hoje me lembro bem do que senti. Foi como se algo tivesse caído do céu lentamente e eu o tivesse recebido com as duas mãos. Não sei bem por que ele veio justo*

> *na minha direção,* por acaso. *Não entendi na hora e não entendo até hoje. De qualquer forma,* isso *aconteceu. Digamos que esse acontecimento tenha sido como uma revelação. O que aconteceu comigo nessa tarde foi uma* epifania, *que é algo difícil, uma "manifestação súbita da essência" ou uma "compreensão intuitiva dos fatos". Em palavras simples, seria: "Algo que aparece diante dos olhos certo dia, de súbito, e muda tudo". Depois desse acontecimento a minha vida se transformou completamente (p. 25, grifos do original).*

No caso do sujeito, todo processo de crescimento envolve "mudanças catastróficas": são momentos de transformação, o *insight*, o instante em que o sujeito se torna capaz de pensar um pensamento que pode até ter estado sempre próximo, mas que ainda não havia podido ser pensado. É uma mudança que exige que a pessoa reveja seu funcionamento mental, sua maneira de ser e estar no mundo, de forma a acolher um novo elemento que abala e ressignifica toda a sua trama de sentidos – exigindo do sujeito uma "capacidade para o negativo" (Bion, 1970/2014) para lidar com as incertezas, as transitoriedades e as obscuridades da vida. São transformações que deixam o sujeito sem chão, que podem gerar fortes resistências, mas que também são portadoras de grandes potencialidades – quando as coisas podem se metamorfosear para ganhar uma nova e melhor organização.

Trata-se de uma espécie de movimento cíclico de transformação do "caos em cosmos" (Caillois, 1939/2008). A vida, com suas experiências emocionais, frequentemente exige do sujeito mais do que ele tem disponível como capacidade de simbolização, pedindo sempre por expansões mentais. Aquilo que já se estabeleceu em cosmos sempre voltará aos estados de caos, demandando novas organizações e um novo cosmos.

Referências e indicações de leitura

Bion, W. R. (1957/2014). The differentiation of the psychotic from the non-psychotic personalities. In W. R. Bion, *The Complete Works of W. R. Bion* (Vol. 6). Karnac.

Bion, W. R. (1965/2014). Transformations: change from learning to growth. In W. R. Bion, *The Complete Works of W. R. Bion* (Vol. 5). Karnac.

Bion, W. R. (1966/2014). Catastrophic change. In W. R. Bion, *The Complete Works of W. R. Bion* (Vol. 6). Karnac.

Bion, W. R. (1970/2014). Attention and interpretation: a scientific approach to insight in psycho-analysis and groups. In W. R. Bion, *The Complete Works of W. R. Bion* (Vol. 6). Karnac.

Bion, W. R. (1976/2014). Emotional turbulence. In W. R. Bion, *The Complete Works of W. R. Bion* (Vol. 10). Karnac.

Caillois, R. (1939/2008). Le sacré de transgression: théorie de la fête. In R. Caillois, *Oeuvres*. Gallimard.

Murakami, H. (2015/2017). *Romancista como vocação*. Alfaguara.

Sandler, P. C. (2005). Catastrophic change. In P. C. Sandler, *The language of Bion: a dictionary of concepts*. Karnac.

ENRIQUE PICHON-RIVIÈRE
(1907-1977)

37. Técnica dos grupos operativos

Eduardo Name Risk

As técnicas do grupo operativo, idealizadas por Pichon-Rivière, na Argentina, nas décadas de 1940 a 1960, têm sido amplamente empregadas e adaptadas. Os grupos operativos podem ser aplicados em contextos institucionais, comunitários e terapêuticos (Zimerman, 1999/2007).

O grupo operativo pode ser considerado terapêutico, pois, segundo Fiscmann (1997): "todo grupo que tiver uma tarefa a realizar e que puder, através desse trabalho operativo, esclarecer suas dificuldades individuais, romper com estereótipos e possibilitar a identificação dos obstáculos que impedem o desenvolvimento do indivíduo . . . é terapêutico" (p. 95).

Do ponto de vista técnico, para que sejam operativos, o que esses diferentes grupos/contextos devem ter em comum? Eles devem ser centrados na tarefa como operação/meio para alcançar objetivos, pois é a partir dela que os vínculos entre indivíduo/grupo são construídos. Do ponto de vista teórico/conceitual/clínico, para que sejam considerados psicanalíticos, devem fundamentar-se na técnica de "tornar consciente o inconsciente". O processo de comunicação apresenta aspectos explícitos/manifestos e implícitos/latentes que deverão ser aos poucos revelados, analisados e interpretados a partir da dialética grupal (Pichon-Rivière, 1981/2005). Por exemplo, em grupos operativos em que são atendidos pacientes com transtorno mental e seus familiares, é bastante comum que, ao longo das sessões, segredos familiares, dramas silenciados, sejam explicitados/manifestados.

A técnica dos grupos operativos fundamenta-se em estruturas e dinâmicas universais presentes em diferentes contextos (grupos de ensino-aprendizagem com estudantes, grupos terapêuticos com famílias, grupos de pacientes em enfermarias etc.). Pichon-Rivière (1981/2005) representou geometricamente a estrutura do grupo operativo a partir do modelo intitulado cone invertido.

Imagine um cone de ponta-cabeça – no *vértice*, apresentam-se o conteúdo inconsciente e os medos básicos/angústias típicos de qualquer grupo: receio de perder estruturas defensivas consolidadas, receio de se sentir vulnerável em virtude de mudanças. Por exemplo, em um grupo com professores, modificações na divisão de tarefas e na estrutura de comando da instituição podem ser angustiantes para os integrantes do grupo operativo.

Na *base* situam-se as associações verbalizadas/comunicadas diretamente por cada integrante do grupo, ou seja, os conteúdos manifestos/conscientes/explícitos que emergem no aqui/agora grupal.

O *volume* é ocupado pela espiral dialética, linha curva que representa o movimento dialético de manifestação/explicitação dos conteúdos latentes/implícitos do vértice para a base. Essa espiral representa o processo a partir do qual os conteúdos inconscientes do grupo paulatinamente tornam-se conscientes. Nos grupos operativos, interpretar/analisar significa tornar manifesto o conteúdo latente.

Do ponto de vista técnico, o terapeuta deve estar atento aos *universais do grupo/medos básicos*: (a) temor de perder defesas/estruturas consolidadas/estereotipadas pelo adoecimento que aparentemente dão segurança ao paciente, temor de perder *status* e condições de trabalho garantidas, no caso de grupos com funcionários de instituições, por exemplo; (b) resistência à mudança, temor de sentir-se indefeso diante de novas situações/progressos (Pichon-Rivière, 1981/2005).

Trata-se do medo de perder defesas que possibilitaram certa segurança/adaptação ao ambiente, ainda que à custa de sofrimento. A tarefa do grupo nesse momento, para Pichon-Rivière (1981/2005), consiste em elaborar essas ansiedades, "resolver situações que estão fixas/estereotipadas" (p. 276). Ao abandonar defesas pregressas e constituir novos recursos, o sujeito aprende "novos aspectos da realidade concreta" (p. 277), o que corresponderia à função terapêutica da tarefa.

Além dos medos básicos, o grupo estrutura-se conforme divisão de papéis e mecanismos de defesa. Ao longo do processo grupal, alguns participantes assumem o papel de *porta-voz* das ansiedades do grupo; o porta-voz é aquele capaz de explicitar dificuldades, segredos, fantasias inconscientes, conflitos silenciados que, por meio da espiral dialética, deixam de ser latentes (vértice do cone invertido) e se tornam manifestos/explícitos (base do cone invertido). É importante analisar quem são as lideranças do grupo, os papéis que cada integrante cumpre, seu grau de cristalização/rigidez e se o grupo é capaz de flexibilizá-los, ou seja, se os papéis são complementares e plásticos.

O terapeuta deve estar atento aos segredos – "todos os conhecem, mas ninguém fala deles" (Pichon-Rivière, 1981/2005, p. 71) – e ao "mal-entendido básico", situações/conflitos próprios do grupo. Ao longo do processo grupal, pode haver mecanismos de segregação, de separação/alienação de alguns integrantes em virtude da dificuldade do grupo de lidar com seus mal-entendidos ou com temas que emergiram a partir da espiral dialética. O terapeuta deve estar atento às fantasias de onipotência ou impotência que comumente são nele projetadas, como se fosse alguém capaz de solucionar todos os problemas do grupo ou, muito pelo contrário, alguém impotente e incapaz de auxiliar (Pichon-Rivière, 1981/2005).

O campo grupal é objeto de fantasias inconscientes sobre o grupo, sobre a tarefa e sobre o contexto. Essas fantasias são manifestadas pelo porta-voz e devem ser interpretadas pelo terapeuta via transferência, pois emergem no aqui/agora grupal e são fruto de fantasias arcaicas que cada membro projeta sobre os demais (Pichon-Rivière, 1981/2005).

A título de ilustração clínica, Fiscmann (1997) descreve o processo de coordenação de grupo operativo de limpeza em enfermaria psiquiátrica. Ao longo das sessões, Fiscmann notou que a limpeza não seguia a lógica operativa de flexibilização de papéis, muito pelo contrário, dos doze membros do grupo apenas um, por sua estrutura obsessiva, limpava a unidade. Em outras palavras, o grupo fazia uso da natureza obsessiva desse paciente para manter o local limpo. Quando essa condição emergiu no campo grupal, ou seja, foi apresentada, propôs-se como tarefa terapêutica redistribuir papéis e funções. A partir disso, o local passou a ficar sujo e a equipe de saúde passou a afirmar que o grupo operativo de limpeza não estava cumprindo seus objetivos. Em outras palavras, enquanto apenas um paciente/participante do grupo realizava a limpeza, a instituição conseguia controlar os conteúdos mobilizados pela internação desses pacientes. Quando a unidade passou a ficar suja, os "aspectos loucos" da instituição passaram a emergir.

Coordenar grupos operativos, independentemente do contexto e da finalidade, requer conhecimento das técnicas propostas por Pichon-Rivière e de suas contribuições teóricas a respeito de conceitos, como: vínculo, fantasias inconscientes, identificação projetiva e introjetiva, esquema conceitual referencial e operativo, interpretação, dentre outros. Pichon-Rivière, por meio do grupo focal, conciliou teoria, técnica e clínica psicanalítica em variados contextos de atuação, evidenciando que interpretar a dialética das relações grupais constitui meio para construção de vínculos de pertença e compreensão da realidade, condições fundamentais para a convivência e o respeito às diferenças.

Referências e indicações de leitura

Fiscmann, J. B. (1997). Como agem os grupos operativos? In D. E. Zimerman, & L. C. Osorio (Orgs.), *Como trabalhamos com grupos* (pp. 95-100). Artes Médicas.

Pichon-Rivière, E. (1981/2005). *O processo grupal*. Martins Fontes.

Zimerman, D. E. (1999/2007). *Fundamentos psicanalíticos: teoria, técnica e clínica - uma abordagem didática*. Artmed.

MARION MILNER (1900-1998)

38. Meio maleável: os fundamentos da representação de si

Daniel Schor

Em seu trabalho como artista, ainda muito antes de adentrar o universo da psicanálise, a inglesa Marion Milner encontrou, por meio da autoexperimentação e da investigação de fenômenos implícitos à concentração e à criatividade, um dos traços que distinguiriam sua produção ao longo de toda a sua vida.

Em decorrência disso, destaca, desde seus textos iniciais, o papel desempenhado pela maleabilidade dos materiais (tinta, argila, giz etc.) na criação artística, como propriedade determinante de sua capacidade de transmutar aspectos da realidade interna do artista em qualidades externas perceptíveis. Foi, porém, durante a análise da paciente Susan, realizada por mais de vinte anos e relatada em livro em 1969, que a psicanalista começou a localizar os elementos definidores do conceito que seria por ela nomeado como *meio maleável* (*pliable medium*).

Susan, que havia passado por longas internações psiquiátricas, vivia graves dificuldades em acessar o sentido simbólico inerente à linguagem. A partir de certo momento de sua análise, passou a fazer uso maciço da comunicação através de desenhos, cuja função era, nas palavras de Milner (1969),

> *servir como uma espécie de ponte no sentido de sua aceitação da "alteridade" do mundo exterior; em virtude do fato de que eles possuem uma existência real no mundo externo e ao mesmo tempo, em seu conteúdo e forma, provinham inteiramente dela e de seu mundo interno, eles eram uma afirmação não discursiva de sua própria realidade (p. 269).*

No curso do trabalho com a paciente, Milner vem a postular que a capacidade humana em reconhecer (representar, portanto) a existência de sua própria vida psíquica, admitindo nessa medida sua discriminação em relação à realidade externa, não poderia surgir sem uma experiência anterior e primordial de fusão com o mundo exterior. No caso de Susan, tal necessidade era expressa por meio do uso que fazia dos desenhos, cuja natureza não poderia ser definida como independente dela, tampouco como estritamente pessoal, dado que eram produzidos a partir de recursos externos.

A condição, contudo, para que a indistinção pudesse funcionar (paradoxalmente) como solo de um processo de diferenciação, em vez de um mergulho numa experiência caótica, seria que a entrega relaxada às experiências de indiferenciação permitisse a emergência de gestos espontâneos do sujeito capazes de dotar o mundo externo com algo do *self*, o qual encontraria ali suas próprias marcas, fazendo da realidade externa algo suficientemente familiar e inteligível. Isso, por sua vez, dependeria de um ambiente que sustentasse o indivíduo em seus momentos não integrados.

Paralelamente ao trabalho com Susan, Milner publica em 1952 "O papel da ilusão na formação simbólica", artigo escrito a partir da análise de um garoto de 11 anos. Ali, declara que tão logo passou a utilizar o espaço da análise e os brinquedos em sessão como um meio flexível, externo a si, mas *sem insistir em sua existência objetiva separada*, a criança se tornou capaz de tratar a analista amistosamente, e até mesmo aceitar uma frustração real advinda dela. Tal ideia antecipava as que seriam levantadas no livro de 1969, ao apontar a ilusão – pensada como momento de sobreposição entre as experiências que o sujeito tem de si e do mundo externo – como determinante para que o paciente viesse a desenvolver um relacionamento efetivo com a realidade exterior.

O desempenho da função de meio maleável por parte do ambiente implica, desse modo, que uma parte *ao mesmo tempo humana, material e sensível* do mundo externo "aceite" ser tratada como uma extensão da realidade individual do sujeito. A condição/propriedade do ambiente de reagir aos meus gestos, literalmente, *conforme* o uso que dele é feito, é o que constitui, a rigor, a prova primeira e mais cabal de que eu existo. Dessa maneira, o meio fornece ao sujeito a possibilidade de despertar em uma espécie de "consciência de ser".

Um jovem por mim atendido em um enquadre compatível com a estratégia de acompanhamento terapêutico solicitou por anos que nossos encontros se dessem na casa de seus pais. Iuri, como o chamarei, vivia, quando o conheci, uma condição gravemente depressiva, sem conseguir frequentar a escola nem estabelecer relações fora do círculo familiar. Podia-se, entretanto, notar em sua companhia alguma satisfação do adolescente em compartilhar comigo aspectos significativos de seu universo: os acordes que começava a tirar de sua guitarra, sua coleção de HQs, jogos de videogame que o ajudavam a preencher suas horas.

Anos depois, tendo se tornado instrumentista de visível talento, Iuri propôs, pela primeira vez, que nos encontrássemos na casa de seu tio, o qual também era músico e possuía um estúdio. Lá pude testemunhar o importante desenvolvimento que havia obtido na composição de arranjos musicais.

Certa vez, sugeriu conversarmos em local próximo ao trabalho de seu pai, uma lanchonete. Naquele contexto, mostrava-se muito ansioso a partir de um convite que havia recebido para uma apresentação fora do estado. Tempos depois, novamente a pedido dele, agendamos um encontro no prédio de seu avô, ocasião em que declara: "ultimamente, tenho tido menos medo de ir tocar no festival. Sei lá, acho que vai ficar tudo bem. Por algum motivo, agora eu sinto que, seu eu for, vou ter para onde voltar".

Foi então que percebi que, no percurso realizado por nossa passagem juntos pelos locais por ele indicados, Iuri estabelecia e descrevia, em verdade, os contornos de seu próprio eu. A presença real de um objeto significativo, num caminho que se produzia *objetiva e precisamente segundo suas convocações*, materializava e, nessa medida, representava para ele os traços de seu lugar subjetivo, promovendo nos espaços habitados por suas figuras de referência uma experiência de pertencimento jamais vivenciada como tal. Isso sinalizava a possibilidade de o jovem começar a identificar, no relacionamento com tais espaços, partes de si mesmo, delimitando assim as fronteiras de um eu a partir das quais se reconhecia, organizava e começava a se movimentar.

Conforme indicado por Milner, ao observar os efeitos de sua própria ação, o sujeito é capaz de localizar no mundo externo uma afirmação palpável de sua própria realidade. Isso é o que caracteriza, no início da vida, ou nos níveis mais primários do funcionamento da subjetividade, o princípio da atividade representativa, isto é, os rudimentos da percepção de que "existe algo em meu interior".

> *O meio maleável é, pois, um ambiente que se caracteriza por oferecer ao sujeito a possibilidade de encontrar, fora de si, aspectos de suas qualidades internas, por meio da materialização destas sobre elementos físicos, perceptíveis, a qual possibilita que o indivíduo "enxergue" esse processo acontecendo.*

Desenvolvendo o conceito como um operador essencial para o atendimento às formas de sofrimento predominantes na clínica contemporânea, Roussillon (2012/2019) aponta que, em sua maleabilidade, o meio fornece ao sujeito "representações-coisas" de si e do que o habita, cuja natureza está a meio caminho entre o físico e o mental, o concreto e o simbólico. Disso decorre que se, em lugar de sua maleabilidade, o objeto/meio apresenta ao sujeito uma realidade dura, inflexível, impõe a este sua forma própria, bloqueando assim a possibilidade de o indivíduo encontrar a si mesmo nos produtos sensíveis dessa interação.

Referências e indicações de leitura

Milner, M. (1969). *The hands of the living god*. Routledge.

Milner, M. (1952/1991). O papel da ilusão na formação simbólica In M. Milner, *A loucura suprimida do homem são*. Imago.

Roussillon, R. (2012/2019). *Manual da prática clínica em psicologia e psicopatologia*. Blucher.

39. Ilusão e criação artística

Valeria Barbieri

Os processos mentais do autor durante a criação da obra de arte foram o assunto de predileção de Marion Milner, ela mesma uma artista que se dedicava ao desenho e à pintura. Ela coaduna suas ideias sobre a criatividade e suas formas de expressão com as proposições winnicottianas do processo de ilusão-desilusão e dos fenômenos transicionais, esmiuçando o alcance destes conceitos.

Ela acata a concepção winnicottiana de que o processo criativo requer um movimento regressivo do artista rumo à não integração ou à amorfia, a funcionamentos concernentes à primeira e *à* segunda etapas do amadurecimento emocional. Essa seria a essência da arte, dado que o artista deve oferecer à plateia uma visão de mundo diferente da convencional. Desse modo, ele necessita se afastar da realidade simbólica compartilhada com a sua audiência para propor a ela algo original. A consecução desse objetivo exige, assim, atravessar as fronteiras do processo secundário e aceitar um estágio temporário de indiferenciação, o que é suportável apenas se houver crença nas forças espontâneas de ordenamento que surgirão posteriormente. Essa indistinção entre o artista e o objeto que ele retrata é o aspecto fundamental da atividade criativa.

O movimento de união do *self* do artista com os *selves* de outras pessoas é essencial para ele colocar-se dentro delas e compreender as suas unicidades. Esse processo engloba o corpo e se estende a objetos naturais e inanimados, cujas qualidades de posição e de sentido de gravidade devem ser consideradas pelo autor, que as experimenta nos próprios músculos e tensões corporais.

É essa indiscriminação, própria da experiência da ilusão, o que confere à obra um sentido de vitalidade e um caráter de humanidade, o que a diferencia de um desenho técnico. Essa qualidade viva sustenta o *status* do objeto retratado como símbolo estético do *self* ou como objeto transicional (Winnicott, 1971/1975), dependendo do nível de regressão alcançado.

No desenho, o senso de vitalidade é expresso por meio do movimento. A cinesia que foi concedida ao tema e sua transformação em símbolo do *self* espelham os impulsos inibidos do artista, o aspecto instintivo da expressão do sentimento, ou o que Milner (1950/2010) chamou de "sonhos do corpo". Por meio deles é possível dar aos objetos uma vida espiritual, uma "alma".

Diferentemente da concepção kleiniana, que vê na arte uma tarefa ligada à reparação e à recriação dos objetos e, portanto, à posição depressiva, para Milner (1950/2010), sua função primária é a criação dos objetos. Por isso, a arte reside em um estágio do desenvolvimento mais precoce, sendo o interesse do artista concernente ao alcance da alteridade a partir de si mesmo. Sua empreitada é criar algo de novo, um pedaço da realidade que ele tornou significativo e real porque o dotou com forma e com uma porção de si mesmo. Ele se funde e se confunde com o objeto e, a partir do momento que lhe dá forma, torna o não eu perceptível e real, porque atribui a ele um sentido pessoal. Desse modo, o artista está criando o poder de perceber o mundo exterior. É nessa tarefa que o autor rompe com os símbolos convencionais e constrói novos, mas, para prosseguir nesse propósito, a recuperação da experiência ilusória é apenas o primeiro passo.

Da mesma forma que no processo de ilusão o objeto criado pelo bebê vai ganhando contornos e qualidades a partir de sua experiência com o objeto externo, os sonhos do artista se enriquecem com as suas encarnações nos elementos do mundo. Nessa empreitada, o autor deve enfrentar o problema da não coincidência entre o *self* e o objeto, ou seja, a desilusão. Se essa distinção é ignorada, ele não pode se libertar do mundo das experiências subjetivas, perdendo em comunicabilidade e flexibilidade; a produção de novos símbolos torna-se enrijecida e a arte não cumpre os seus objetivos.

Milner (1950/2010) afirma que nas artes, mesmo que um pedaço do mundo externo tenha sido alterado para se ajustar à experiência interna, ele continua sendo uma parte da realidade, sejam palavras, telas, movimentos de corpos ou sons de instrumentos. Mas o trabalho que foi feito sobre essa matéria a aproxima da concepção interna – não do modo prático, mas do "como se". Assim, na arte, os mundos interno e externo se compatibilizam pela aceitação do "faz de conta", da sua característica transicional. Uma vez que há uma parte do eu no não eu, e que o primeiro é enriquecido pelo último, existe uma maior proximidade entre o desejo e o que a realidade exterior oferece. Por isso, o ódio ligado à desilusão se atenua, bem como o desespero de alguém por não conseguir encontrar no mundo nada que satisfaça.

Essas concepções de Milner (1950/2010) coincidem, portanto, com aquelas de Winnicott (1971/1975) sobre a arte se desenvolver na zona intermediária dos fenômenos transicionais. É apenas nesse espaço que a criatividade pessoal pode ganhar uma expressão comunicável de variedade infinita, pois, dada a fixidez da dotação instintual e da matéria-prima exterior, o que fará a diferença no processo de produção da obra é a natureza do trabalho realizado em sua diversidade ilimitada. A ação criativa do artista sobre o meio equivale, assim, a uma mostra concreta da imaginação infantil, à fantasia encarnada na realidade do mundo.

Se o "faz de conta" e a criação artística têm suas fontes no relacionamento de reciprocidade entre o bebê e a mãe, com o suprimento adequado da bagagem da ilusão, é no trabalho criativo que se torna manifesto o como a criatividade pode se ancorar na tradição. É essa manipulação da matéria externa de modo a aproximá-la das formulações pessoais que é capaz de tornar o mundo eternamente novo.

Essa dinâmica pode ser ilustrada por meio de um caso clínico:

> *Clara (nome fictício) é pianista e se dedica à pintura. Conta que isso tem sido uma terapia para ela, que tem lhe permitido se conectar com o seu passado:*
>
> *– Quando os meus pais se separaram, eu pintava muito. É incrível como isso me ajuda a colocar para fora.*
>
> *Comento que havia dois tipos de conexão: dela com o próprio passado, mas também dela com o mundo. Quando pintava, colocava a si mesma no mundo e ele ganhava sentido porque tinha a ver com ela. Ela concorda e diz que o que lhe chama mais a atenção é o jogo de cores:*
>
> *– A mão vai indo sozinha, trabalhando nas cores, fica aquela coisa em que eu não sei onde vai dar, até que de repente surgem formas [fala impressionada]! É como se as coisas fossem indo e de repente surgisse uma ordem no caos.*

Clara diz que é como se saísse alguma coisa de dentro de si e passasse para a tela, como se fosse um parto. Comento que ela sente que a pintura se tornava uma parte dela. Ela diz que também já lhe aconteceu de fazer desenhos que não deram em nada:

– Eu olhava e dizia: mas o que que é isso que eu fiz?

Respondo que são casos em que a mensagem ainda não amadureceu o suficiente para ser comunicada de uma forma inteligível, que é necessário tempo e trabalho para isso. Ela diz:

– Por muito tempo eu parecia viver como se a vida fosse em preto e branco, mas agora, com a pintura, até a minha percepção das cores do mundo mudou.

Clara revela, nesse exemplo, os seus movimentos, por meio da pintura, para estabelecer um sentimento de continuidade consigo mesma e com o mundo. Embora esse processo não se encontre concluído, ele é distintivo de uma dinâmica em que ela se encontra para sair do retraimento e estabelecer relações significativas com o mundo exterior.

Referências e indicações de leitura

Milner, M. (1991). *A loucura suprimida do homem são.* Imago.

Milner, M. (1950/2010). *On not being able to paint.* Routledge.

Winnicott, D. W. (1971/1975). *O brincar e a realidade.* Imago.

ESTHER BICK (1902-1983)

40. O conceito de pele psíquica

Izelinda Garcia de Barros

Em 1967, no intento de apresentar uma primeira abstração teórica que reunisse dados de observação de bebês e certas manifestações transferenciais em análises de crianças e adultos, Bick sugere que a crescente coesão do ego obtida nas relações de objeto arcaicas é dada por identificação com a função continente de um objeto externo introjetado. Ela explica: o objeto (continente) ótimo é "o mamilo-na-boca juntamente com a mãe que segura a criança, fala com ela e tem um cheiro familiar" (Bick, 1967/1990, p. 195). Por analogia com as funções da pele, órgão externo, flexível e macio, que limita e protege as estruturas internas do corpo dos animais e intermedia as trocas com o meio ambiente, Bick nomeou este objeto continente de *pele continente* ou *pele psíquica*.

Antes da introjeção desse objeto continente, isto é, antes da constituição de um continente interno e das possibilidades comunicativas oferecidas pela identificação projetiva, a segurança do bebê está depositada nas qualidades sensoriais do objeto materno, e *self* e objeto são experimentados como superfícies sensíveis e contíguas.

É uma primeira forma de identificação e recebe o nome de identificação adesiva. A dependência do objeto é absoluta.

A pele psíquica é o limite que instaura a possibilidade de separação entre interno e externo, entre *self* e objeto, e que, dando continência passiva às partes do ego inicial, permite a coesão necessária entre suas partes para que, ativamente, possa realizar as funções primárias de cisão e projeção e fazer uso do mecanismo de identificação projetiva.

Acredita-se que o bebê, no início de sua vida, vive a ilusão de continuidade com a mãe e, portanto, não é confrontado com a realidade da separação. Em virtude da interação entre processos maturacionais e qualidades moduladoras do objeto materno, novas configurações mentais substituem progressivamente essa unicidade ilusória por relações de objeto mais maduras, em que o gradual reconhecimento da separação entre o bebê e sua mãe é paralelo ao desenvolvimento de processos normais de simbolização e pensamento.

Por outro lado, repetidos descompassos afetivos na dupla trazem à luz, precocemente, a realidade de corpos e mentes separados entre o bebê e a mãe; provocam perturbações no desenvolvimento da pele psíquica e podem levar à constituição de uma "segunda pele", por meio da qual "a dependência do objeto é substituída por uma pseudo independência, pelo uso inapropriado de certas funções mentais, ou talvez talentos inatos, com o propósito de criar um substituto para esta função de pele continente" (Bick, 1967/1990, p. 197).

O fenômeno da segunda pele é uma manobra defensiva extremamente primitiva que impede o desmantelamento do ego, mas a frágil integração assim obtida repercute nas organizações posteriores sob a forma de estados de não integração, alteração mais ou menos permanente no tônus muscular, conhecida como *concha muscular* e, por semelhança de função, uma *musculatura verbal*, isto é, o uso das características sensoriais da fala e da própria linguagem como expressão da segunda pele.

Na clínica, reconhecemos diversas manifestações desse tipo de angústia, em geral não verbais, como rigidez corporal – a concha muscular – ou, pelo contrário, o desabamento do corpo, que evoca no observador imagens de súbito desaparecimento do esqueleto ósseo. Apresento a seguir um recorte clínico que ilustra o mecanismo de identificação adesiva

Ivan era meu paciente desde os 4 anos, e sua passividade me entristecia muito; entrava e saia da sessão sem reclamar, mas durante o tempo que estivesse na sessão organizava combinações com os lápis e gizes de cor.

Observar essa atividade repetitiva era um tanto cansativo e, para me entreter e não "voar" para longe da sessão, eu ficava observando a cena e falava com os meus botões – em voz baixa, mas com entonação e comentários – por exemplo: "ah, sim, agora o sr. Lápis amarelo resolveu ficar ao lado do sr. Giz preto", ou, mais para frente, "Cruzes, esse giz branco não para, cada hora está em um lugar"; assim, eu me entretinha com as minhas histórias, mas sem tirar os olhos de Ivan.

Ele não dava mostras de se interessar ou se aborrecer com minha interferência, mas passou a fazer essas combinações riscando nas folhas de papel e eu perdi um pouco o interesse, não parecia ser tão espontâneo continuar a falar sem alegria. Parei, mas não deixei de estar atenta. Logo depois reparei que ele estava reproduzindo no papel as cores das minhas roupas, como faz um pintor observando minuciosamente uma cena, mas reproduzindo só as cores registradas. Isso era um pouco engraçado e até um pouco incômodo, porque ele era muito explícito, olhando firmemente para minha saia xadrez, separando cuidadosamente as cores que se cruzavam no desenho do tecido como uma primeira forma de aproximação que chamamos de adesiva. Daí caminhamos para a olhares compartilhados, palavras e até algumas brincadeiras simples.

Pareceu-me que a minha insistência em não o abandonar às suas atividades que me soavam repetitivas levou-o a usar os lápis para marcar o papel, isto é, um encontro, uma interação entre dois objetos diferentes até chegar a uma forma de identificação adesiva comigo, trazendo para o papel as minhas cores – um caminhar muito cauteloso de aproximação progressiva com um objeto vivo, com o qual ele parecia cada vez mais interessado em estar ali.

Referências e indicações de leitura

Barros, I. G. (2013). Os primórdios da estruturação psíquica como se apresentam na clínica. *Berggasse 19*, *4*(1), 19-36.

Bick, E. (1967/1990). A experiência da pele nas relações de objeto arcaicas. In E. B. Spillius (Ed.), *Melanie Klein hoje: desenvolvimentos da teoria e da técnica* (Vol. 1). Imago.

Bick, E. (1986). Further considerations on the function of the skin in early object relations (traduzido em 2006 por Maria Lucia Andrade e Leda Maria Zancanela). *British Journal of Psychotherapy*, *2*(4).

Sobre os autores

Adela Judith Stoppel de Gueller – Doutora em Psicologia Clínica pela Pontifícia Universidade Católica de São Paulo (PUC-SP), professora dos cursos de Especialização em Teoria Psicanalítica (PUC-SP), e de Psicanálise com Crianças (Instituto Sedes Sapientiae). Co-organizadora de *Psicanálise com crianças: perspectivas teórico--clínicas* (Casa do Psicólogo, 2009) e organizadora de *Atendimento psicanalítico de crianças* (Zagodoni, 2011).

Audrey Setton Lopes de Souza – Membro efetivo da Sociedade Brasileira de Psicanálise de São Paulo (SBPSP). Doutora pelo Instituto de Psicologia da Universidade de São Paulo (IPUSP), professora (aposentada) da IPUSP, e do curso de Psicanálise com Crianças do Instituto Sedes Sapientiae.

Aurea Chagas Cerqueira – Psicanalista, membro da Sociedade de Psicanálise de Brasília (SPBsb) e da Associação Psicanalítica Internacional (IPA). Professora do curso de Psicologia do Centro Universitário de Brasília (CEUB) e da Unip Brasília, e mestre em Psicologia Clínica e Cultura pela Universidade de Brasília (UnB).

Camila Junqueira – Psicanalista, doutora e pós-doutora pelo Instituto de Psicologia da Universidade de São Paulo (IPUSP). Membro do Departamento de Psicanálise do Instituto Sedes Sapientiae. Coordenadora e professora do curso de Extensão Cultural sobre Problemáticas Alimentares nesse mesmo instituto, e autora de diversos textos, entre eles *Metapsicologia dos limites* (Blucher, 2019).

Carolina Nassau Ribeiro – Psicanalista, membro da Aleph – Escola de Psicanálise, graduação em Psicologia pela Pontifícia Universidade Católica de Minas Gerais (PUC Minas) e mestrado em Psicologia pela Universidade Federal de Minas Gerais (UFMG), cursa doutorado em Psicologia na UFMG e é pesquisadora do Núcleo Psicanálise e Laço Social no Contemporâneo (Psilacs) da UFMG. Autora do livro: *Reduzir-se a nada: articulações entre o feminino, o masoquismo e a máscara* (Anna Blume, 2017).

Cassandra Pereira França – Professora titular da Universidade Federal de Minas Gerais (UFMG), coordenadora do núcleo de pesquisas Crianças e Adolescentes Vítimas de Abuso Sexual (CAVAS), da UFMG, que promove estudos psicanalíticos sobre violência sexual contra crianças e adolescentes, membro do Grupo Brasileiro de Pesquisas Sándor Ferenczi (GBPSF). Doutora e pós-doutora em Psicologia Clínica pela Pontifícia Universidade Católica de São Paulo (PUC-SP).

Cecília Noemí Morelli Ferreira de Camargo – Psicóloga, psicanalista, professora e supervisora do curso de especialização Formação em Psicanálise do Instituto Sedes Sapientiae. Mestre em Teoria da Comunicação pela Escola de Comunicações e Artes da Universidade de São Paulo (ECA-USP), bacharel e licenciada em Letras pela Faculdade de Filosofia, Letras e Ciências Humanas (FFLCH) da USP.

Cláudia Perrone – Psicóloga, psicanalista e professora associada do Departamento de Psicanálise e Psicopatologia do Instituto de Psicologia da Universidade Federal do Rio Grande do Sul (UFRGS).

Daniel Schor - Psicanalista, doutor pelo Instituto de Psicologia da Universidade de São Paulo (IPUSP). Membro do Laboratório Interinstitucional de Estudos da Intersubjetividade e Psicanálise Contemporânea (LIPSIC). Autor do livro: *Heranças invisíveis do abandono afetivo: um estudo psicanalítico sobre as dimensões da experiência traumática* (Blucher, 2017).

Daniela Scheinkman Chatelard - Psicanalista, chefe do Departamento de Psicologia Clínica e professora na pós-graduação da Universidade de Brasília (UnB). Mestre em Psicanálise e doutora em Filosofia pela Université Paris 8.

Davi Berciano Flores - Psicanalista e supervisor clínico, graduado em Psicologia pela Pontifícia Universidade Católica de São Paulo (PUC-SP), com especialização em Psicanálise pelo Instituto Sedes Sapientiae. Mestre em Psicologia Clínica pela Universidade de São Paulo (USP). Docente do Centro de Estudos Psicanalíticos (CEP) e membro do Laboratório Interinstitucional de Estudos da Intersubjetividade e Psicanálise Contemporânea (LIPSIC) e do Grupo Brasileiro de Pesquisas Sándor Ferenczi (GBPSF).

David Borges Florsheim - Graduado em Psicologia pela Pontifícia Universidade Católica de São Paulo (PUC-SP) e em Ciências Sociais pela Universidade de São Paulo (USP). Especializado em Psicologia da Saúde e em Psicoterapia Psicodinâmica dos Transtornos de Personalidade pela Escola Paulista de Medicina da Universidade Federal de São Paulo (EPM-Unifesp). Mestre em Psicologia Clínica (PUC-SP) e doutor em Psicologia Experimental pela Instituto de Psicologia da USP (IPUSP).

Débora Gaino Albiero - Psicóloga pela Universidade de São Paulo (USP) e psicanalista pelo Instituto Sedes Sapientiae. Membro do Grupo Brasileiro de Pesquisas Sándor Ferenczi (GBPSF) e fundadora do Núcleo Trajetos, atuando na temática da perinatalidade e da parentalidade. No Núcleo Acesso do Instituto Sedes Sapientiae, coordena o trabalho com grupos de candidatos à adoção.

Douglas Rodrigo Pereira – Psicanalista, mestre em Psicologia Clínica e doutorando em Psicologia Experimental pelo Instituto de Psicologia da Universidade de São Paulo (IPUSP). Bolsista CNPq. Membro do Grupo Brasileiro de Pesquisa Sándor Ferenczi (GBPSF), do Departamento de Psicanálise Experimental do IPUSP e do Laboratório Interinstitucional de Estudos da Intersubjetividade e Psicanálise Contemporânea (LIPSIC).

Eduardo Fraga de Almeida Prado – Psicanalista, doutor em Psicologia Clínica pela Pontifícia Universidade Católica de São Paulo (PUC-SP). Docente do curso de Psicologia da Universidade Presbiteriana Mackenzie. Docente e coordenador do Núcleo de Infância e Adolescência do Centro de Estudos Psicanalíticos (CEP).

Eduardo Name Risk – Professor adjunto do Departamento de Psicologia do Centro de Educação e Ciências Humanas da Universidade Federal de São Carlos (UFSCar). Bacharel, mestre e doutor em Psicologia pela Universidade de São Paulo (USP), *campus* Ribeirão Preto.

Francisco Garzon – Psicólogo pela Pontifícia Universidade Católica de São Paulo (PUC-SP), mestre em Psicologia Clínica pela mesma instituição e psicanalista pelo Instituto Sedes Sapientiae.

Gustavo Vieira – Psicanalista e psicólogo clínico. Doutor em Psicologia Clínica pela Universidade de São Paulo (USP). Bacharel e mestre em Psicologia pela Universidade Federal do Paraná (UFPR). Integrante do Espaço Potencial Winnicott (Sedes Sapientiae) e do Grupo de Pesquisa "Clínica de Grupos e Instituições: Abordagem Psicanalítica" (USP).

Hélio Cardoso de Miranda Júnior – Doutor em Psicologia Clínica pela Universidade de São Paulo (USP) e pós-doutor pela Universidade Federal de Minas Gerais (UFMG). Professor colaborador no Departamento de Pós-Graduação em Psicologia da Pontifícia Universidade Católica de Minas Gerais (PUC Minas), onde também leciona Teoria e Clínica Psicanalíticas. Coordenador do curso de especialização Clínica Psicanalítica na Atualidade: Contribuições de Freud e Lacan.

Izelinda Garcia de Barros – Médica pela Faculdade de Medicina da Universidade de São Paulo (FMUSP) e analista de crianças e adultos. Membro efetivo e didata da Sociedade Brasileira de Psicanálise de São Paulo (SBPSP) e membro efetivo da Associação Psicanalítica Internacional (IPA).

Larissa Ramos da Silva – Psicóloga e mestre em Psicanálise: Clínica e Cultura pela Universidade Federal do Rio Grande do Sul (UFRGS). Conduz suas pesquisas nos entrelaçamentos entre psicanálise, feminismos e estudos de gênero e atua em consultório particular atendendo crianças, adolescentes e adultos.

Leonardo Cardoso Portela Câmara – Psicanalista, professor adjunto do Departamento de Psicologia (DPsi) e professor permanente do Programa de Pós-Graduação em Psicologia (PPGPsi) da Universidade Federal de São Carlos (UFSCar). Mestre e doutor em Teoria Psicanalítica pela Universidade Federal do Rio de Janeiro (UFRJ).

Marcia Regina Bozon de Campos – Psicanalista, membro do Departamento de Psicanálise do Instituto Sedes Sapientiae, onde coordena o Grupo "Winnicott: leituras e reflexões", e do Conselho Editorial da revista *Percurso*. Doutoranda no Instituto de Psicologia da Universidade de São Paulo (IPUSP) e coordenadora do curso de aperfeiçoamento "O corpo na clínica", também no Instituto Sedes.

Marco Antonio Coutinho Jorge – Psicanalista, psiquiatra e professor associado do Instituto de Psicologia da Universidade do Estado do Rio de Janeiro (IP-Uerj). Diretor do Corpo Freudiano Seção Rio de Janeiro e membro da Association Insistance (Paris). Autor, entre outros livros, dos quatro volumes da série *Fundamentos da psicanálise: de Freud a Lacan* (Zahar).

Marcos Leandro Klipan – Professor adjunto do Departamento de Psicologia e do Programa de Pós-Graduação em Psicologia da Universidade Estadual de Maringá (UEM).

Marcos Roberto Fanton – Psicólogo e neuropsicólogo, mestre pela Universidade de São Paulo (USP) e doutorando pela Universidade Federal de São Paulo (Unifesp). *Fellow* de 2018 do *Research Training Program* da Associação Psicanalítica Internacional (IPA). Seu foco de pesquisa é a relação mãe-bebê e atualmente investiga os efeitos do trauma intergeracional nessa relação e no subsequente desenvolvimento da prole.

Marina Ferreira da Rosa Ribeiro – Psicanalista, mestre e doutora em Psicologia Clínica pela Pontifícia Universidade Católica de São Paulo (PUC-SP). Membro efetivo do departamento de Formação em Psicanálise do Instituto Sedes Sapientiae, professora doutora de graduação e pós-graduação do Instituto de Psicologia da Universidade de São Paulo (IPUSP). Coordenadora do Laboratório Interinstitucional de Estudos da Intersubjetividade e Psicanálise Contemporânea (LIPSIC). Membro do Grupo Brasileiro de Pesquisa Sándor Ferenczi (GBPSF).

Milena da Rosa Silva – Psicóloga e doutora em Psicologia pela Universidade Federal do Rio Grande do Sul (UFRGS). Professora e pesquisadora do Programa de Pós-Graduação em Psicanálise: Clínica e Cultura e do curso de graduação em Psicologia do Instituto de Psicologia da UFRGS. Co-coordenadora do Núcleo de Estudos em Psicanálise e Infâncias (NEPIs) da UFRGS.

Miriam Tachibana – Docente do Instituto de Psicologia da Universidade Federal de Uberlândia (UFU). Pós-doutora em Psicologia pela Universidade de São Paulo (USP), com estágio pós-doutoral na

Université Paris X - Nanterre. Doutora em Psicologia pela Pontifícia Universidade Católica de Campinas (PUC-Campinas) e pela Université Charles de Gaulle Lille 3.

Pablo Castanho - Professor do Departamento de Psicologia Clínica do Instituto de Psicologia da Universidade de São Paulo (IPUSP). Membro do Núcleo de Estudos em Saúde Mental e Psicanálise das Configurações Vinculares (NESME).

Patrícia Mafra de Amorim - Doutora em Psicologia Clínica pelo Instituto de Psicologia da Universidade de São Paulo (IPUSP). Mestre em Estudos Psicanalíticos pela Universidade Federal de Minas Gerais (UFMG). Membro do Laboratório de Pesquisas e Intervenções em Psicanálise da USP e da International Sándor Ferenczi Network. Atualmente é docente e coordenadora da Clínica Escola do Centro Universitário Anhanguera, *campus* Pirituba.

Ricardo Cavalcante - Sociólogo, psicanalista, mestre e doutorando em Psicologia Clínica pela Pontifícia Universidade Católica de São Paulo (PUC-SP). Pesquisador do grupo de extensão Clínicas Sociais, Psicanálise e Filosofia da Universidade Federal de São Paulo (Unifesp). Professor do curso Sujeitos da Psicanálise na PUC-SP. Cofundador e psicanalista da Clínica Aberta de Psicanálise na Casa do Povo.

Rodrigo Sanches Peres - Psicólogo, mestre e doutor em Psicologia pela Universidade de São Paulo (USP), com pós-doutorado em Psicologia pela Universidade de Lisboa. Especialista em Psicologia Clínica pelo Conselho Federal de Psicologia e professor do Instituto de Psicologia da Universidade Federal de Uberlândia (UFU).

Rosana Sigler - Psicanalista, membro associado da Sociedade Brasileira de Psicanálise de São Paulo (SBPSP). Psicóloga, mestre e doutora em Psicologia pela Universidade de São Paulo (USP). Docente no Curso de Especialização em Psicoterapia Psicanalítica

(CEPSI). Compõe a equipe de coordenadores do Curso de Psicologia da Universidade Nove de Julho.

Simone Kelly Niklis Guidugli – Psicóloga pela Universidade Presbiteriana Mackenzie, mestre e doutora pelo Instituto de Psicologia da Universidade de São Paulo (IPUSP). Psicanalista winnicottiana em formação pelo Instituto Brasileiro de Psicanálise Winnicottiana (IBPW). Especialista em Psicologia Hospitalar (InCor) e Psicologia Perinatal (Gerar). Sócia fundadora da Curae Psicologia. Atuação nas áreas clínica e da saúde. Docente e supervisora clínica.

Teo Weingrill Araujo – Mestre e doutor em psicologia pela Universidade de São Paulo (USP). Autor do livro: *Fairbairn* (Casa do Psicólogo, 2015), da coleção Clínica Psicanalítica. Atua em consultório particular desde 2002.

Thiago da Silva Abrantes – Psicanalista, doutor em Psicologia pelo Instituto de Psicologia da Universidade de São Paulo (IPUSP) e membro filiado do Instituto Durval Marcondes da Sociedade Brasileira de Psicanálise de São Paulo (SBPSP).

Valeria Barbieri – Psicóloga clínica e professora associada sênior da Universidade de São Paulo (USP). Especialista em Teorias e Técnicas Psicanalíticas pelo Instituto de Estudos Psicanalíticos de Ribeirão Preto (IEP-RP). Mestrado e doutorado em Psicologia Clínica pelo Instituto de Psicologia da USP (IPUSP) e pós-doutorado em Psicanálise e Psicologia Clínica pela Université Paris 7.

Wilson Franco – Psicólogo e psicanalista, mestre e doutor em Psicologia pela Universidade de São Paulo (USP). Professor na Fundação Escola de Sociologia e Política de São Paulo (FESPSP). Autor de: *Os lugares da psicanálise na clínica e na cultura* (Blucher, 2020).